1882 (3-5 Avril)

Avec q.q. Prix des objets remarqués par nous

COLLECTION

O. DU SARTEL

PORCELAINES

DE LA CHINE ET DU JAPON

PORCELAINES

DE LA CHINE ET DU JAPON

PARIS. — IMPRIMERIE PILLET ET DUMOULIN
5, RUE DES GRANDS-AUGUSTINS, 5

CATALOGUE

DES

PORCELAINES

DE LA CHINE ET DU JAPON

COMPOSANT LA COLLECTION DE

M. O. DU SARTEL

DONT LA VENTE AURA LIEU

HOTEL DROUOT, SALLE Nº 8

Les Lundi 3

Mardi 4 et Mercredi 5 Avril 1882

A DEUX HEURES

COMMISSAIRE-PRISEUR

Mᵉ PAUL CHEVALLIER, Succʳ de Mᵉ CHARLES PILLET,

10, RUE DE LA GRANGE-BATELIÈRE, 10;

EXPERT : M. CH. MANNHEIM, 7, rue Saint-Georges;

Chez lesquels se trouve le présent Catalogue.

EXPOSITIONS

PARTICULIÈRE	PUBLIQUE
Le Samedi 1ᵉʳ Avril 1882	*Le Dimanche 2 Avril 1882*

De 1 heure à 5 heures.

CONDITIONS DE LA VENTE

Elle sera faite au comptant.

Les adjudicataires payeront *cinq pour cent* en sus des enchères.

L'exposition mettant le public à même de juger de l'état des objets, il ne sera admis aucune réclamation une fois l'adjudication prononcée.

ABRÉVIATIONS

Les dimensions indiquées sont celles des porcelaines sans montures de bronzes ou socle en bois.

S. B. S. Avec socle en bois sculpté.

M. B. Monture bronze.

M. A. Monture argent.

M. A. A. Monture argent ancienne.

Por. de Ch. Pl. ou Fig. La pièce est gravée dans l'ouvrage *La Porcelaine de Chine*, Paris, 1881.

N. B. — Il a été tiré un certain nombre d'exemplaires de ce catalogue sur beau papier, avec gravures dans le texte, et précédé d'une préface par M. Ph. Burty, inspecteur des Beaux-Arts.

Prix : 10 francs.

PORCELAINES DE CHINE

VASES ET BOUTEILLES

1 — Jarre a vin en très ancienne porcelaine grise et épaisse, à décor archaïque délimité par des filets en relief, composé de bordures à faux godrons, celle du haut soutenant des lambrequins ornés de fleurs et reliés entre eux par des cordons de perles à pendeloques; sur la panse, un paysage dans lequel se rencontrent deux philosophes.

Ce décor, émaillé sur biscuit, partie bleu turquoise, partie restée en biscuit avec quelques teintes jaunâtres, se détache sur fond bleu foncé.

Por. de Ch. Pl. II et III, n° 2.

S. B. S. — Haut., 0,42.

2 — Autre Vase a vin, aussi fond gros bleu, à décor modelé en haut relief, composé d'une collerette

imitant un rets à pendeloques au-dessous de laquelle sont symétriquement rangés quatre personnages qui dansent.

S. B. S. — Haut., 0.26.

3 — Potiche pataude, de même genre que les vases précédents, mais dont le décor sur fond bleu turquoise présente des parties émaillées en jaune et en lilas clair. La panse est occupée par un paysage courant à sujet hiératique, montrant Cheou-Lao, assis au milieu des attributs de la longévité et la tête entourée d'un limbe, recevant la visite des saints personnages les Pa-Chen.

Por. de Ch. Pl. II, n° 4.

Haut., 0.35.

4 — Une paire de Vases balustre, décorés en bleu agatisé sous couverte, au col de deux têtes de chimère, et sur la panse de lambrequins à filets réservés, simulant les ornements en relief des bronzes antiques.

Por. de Ch. Pl. XVIII, n° 6.

Haut., 0.35.

5 — Vase à large col légèrement évasé et à piédouche

orné de rinceaux feuillus à chrysanthèmes ornementaux, bleu agatisé posé sur cru.

Por. de Ch. Pl. XVIII, n° 7.

Haut., 0.35.

6 — Une paire de Potiches couvertes, décorées de bordures mosaïques reliées par des bandes semblables, qui divisent la panse en trois compartiments, occupés chacun par un chien de Fô jouant avec une boule.

Ce décor est peint sur cru, en rouge de cuivre et en bleu alternativement clair et foncé.

Por. de Ch. Pl. XX, n° 8.

Haut., 0.42.

7 — Petit Vase aplati, de forme antique, à filets et anses en relief; il est en porcelaine brun de fer, et recouvert d'un émail granulé d'un beau bleu turquoise céleste.

Pièce d'une extrême rareté.

Por. de Ch. Pl. V, n° 9.

Haut., 0.19.

8 — Petit Vase a anse, décoré de chevaux peints en bleu ou rouge brun sous une couverte craquelée.

Marqué du Nien-Hao. — *Siouen-Te-Nien-Tchi.* (1426-1436.)

Por. de Ch. Fig. 89.

Haut., 0.16.

9 — Jarre a vin, décorée de rinceaux à chrysanthèmes gravés dans la pâte et recouverte sur biscuit d'un fond jaune.

Marquée du Nien-Hao. — *Ta-Ming-Siouen-Te-Nien-Tchi.* (1426-1436.)

Por. de Ch. Pl. IX, n° 11.

Haut., 0.32.

10 — Cornet à anneau médian, décoré sur cru, en bleu et rouge de cuivre, avec parties céladon et blanc sur blanc légèrement en relief. Le sujet qui occupe la partie supérieure, représente un personnage vêtu de la robe « de toutes les castes », exécutant une opération magique.

Marqué du Nien-Hao. — *Ta-Ming-Siouen-Te-Nien-Tchi.* (1426-1436.)

Por. de ch. Pl. XX, n° 44.

Haut., 0.45.

11 — Vase rouleau en très ancienne porcelaine, décoré de bordures et d'un rocher fleuri avec oiseaux, le tout peint en noir sur fond vert.

Por. de ch. Pl. III, n° 13.

Haut., 0.48.

12 — Bouteille gourde, ornée, en émaux de la famille verte, de bordures et ornements parmi lesquels le caractère *cheou* « longévité » est plusieurs fois répété.

Marquée du Nien-Hao gravé en creux sous couverte. — *Ta-Ming-Tch'ing-Hoa-Nien-Tchi.* (1465-1488.)

Por. de Ch. Pl. VII, n° 22.

Haut., 0.25.

13 — Jarre a vin de forme renflée, à décor famille verte bordures et médaillons de plantes fleuries, sur fond mosaïque rouge de fer.

Por. de Ch. Pl. X, n° 23.

Haut., 0.30.

14 — Une paire de Vases couverts, de forme ovoïde et panse cannelée, décorés bleu sous couverte de bordures et de quatre médaillons à personnages.

Marqués du Nien-Hao. — *Ta-Ming-Tch'ing-Hoa-Nien-Tchi.* (1465-1488.)

Haut., 0.26.

15 — Gourde bleu turquoise truité, à rinceaux, chrysanthèmes et attributs gravés dans la pâte.

Marquée du Nien-Hao.— *Ta-Ming-Kia-Tsing-Nien-Tchi.* (1522-1567.)

Haut., 0.33.

16 — CORNET à couverte céladon vert pâle, décoré de rinceaux et de dragons ornementés, ciselés sur cru.

Marqué du Nien-Hao. — *Kia-Tsing.* (1522-1567.)

Por. de Ch. Fig. 96.

Haut., 0.45.

17 — JARRE A VIN munie de son couvercle formant bouchon ; elle est décorée de Fong-hoang et de pivoines en bleu sous couverte, se détachant sur fond émaillé jaune impérial.

Marquée au col du Nien-Hao. — *Kia-Tsing.* (1522-1567.)

Por. de Ch. Pl. IX, n° 26.

Haut., 0.48.

18 — BOUTEILLE de forme bulbeuse, décorée, avec les émaux de la famille verte et avec du bleu cobalt posé à l'avance sur cru, de rinceaux feuillus, de deux dragons à cinq griffes, et de deux Fong-hoang.

Marquée au col du Nien-Hao. — *Wan-Li.* (1573-1620.)

Por. de Ch. Pl. XV, n° 31.

Haut., 0.47.

19 — Bouteille à grosse panse, et décor analogue à celui de la précédente, dragons au milieu de nuages.

Marquée du Nien-Hao.—*Wan-Li*. (1573-1620.)

Haut., 0.34.

20 — Une paire Potiches couvertes, à décor famille verte dit « aux cinq couleurs des Ming ». Bordures de rinceaux et pivoines, reliées par trois bandes ornées de vases fleuris sur fond mosaïque rouge de fer; les trois compartiments de la panse sont occupés chacun par un grand animal symbolique.

Haut., 0.35.

21 — Petit Vase potiche, émaillé sur biscuit vert feuille de camélia fortement irisé.

Cette petite pièce, d'une extrême rareté, a été complétée par un couvercle moderne.

Haut. du vase, 0.18; haut. totale, 0.23.

22 — Petite Potiche émaillée sur biscuit comme le vase précédent d'un fond vert feuille de camélia et décorée en outre de bordures encadrant un dragon à cinq griffes, un Fong-hoang et des branches de

pêchers, dessinés au trait gravé dans la pâte et émaillés de jaune.

Marquée du Nien-Hao.— *Wan-Li*.(1573-1620.)

Haut., 0.35.

23 — Vase carré à col cylindrique, décoré d'un fond vert piqueté à fleurs et papillons, avec médaillons réservés contenant des modèles, des paysages ou des fleurs.

Marqué des mots *Ou-Lu-Tche* gravés à la pointe dure sur émail, « composé par un compagnon de *Ou* ». Le peintre *Ou* vivait sous l'empereur Wan-Li.(1573-1620.)

Haut., 0.50.

24 — Cornet à anneau médian, orné de peintures, famille verte, les bleus ayant été posés à l'avance sur cru ; la partie supérieure est occupée par un sujet représentant des dames et des enfants dans un jardin.

Por. de Ch. Pl. X, n° 32.

Haut., 0.49.

25 — Cornet analogue au précédent.

Haut., 0.48.

26 — Vase à fond noir, décoré en émaux de la fa-

mille verte, de rochers et de pêchers à fleurs teintées vert pâle autour desquelles voltigent des oiseaux.

Marqué du Nien-Hao. — *Tch'ing-Hoa.* (1465-1488.)

Por. de Ch. Fig. 108.

Haut., 0.40.

27 — Bouteille sphérique à col long et étroit, munie d'une couverte brune fortement irisée et régulièrement craquelée, sur laquelle se détache un pêcher en fleurs peint avec de la barbotine blanche, et rehaussé ensuite de bleu cobalt.

Por. de Ch. Pl. IX, n° 51.

S. B. S. — Haut., 0.43.

28 — Bouteille piriforme à col étroit s'évasant brusquement en prenant la forme hexagonale; elle est décorée d'un fond à écailles peintes en bleu sous couverte, semé de neuf médaillons style Persan. Ces médaillons sont recouverts d'une applique en biscuit grisâtre légèrement en relief et découpée à jour en forme de chrysanthème ornemental.

Por. de Ch. Pl. XXIV, n° 89.

Haut., 0.30.

29 — Petit Vase forme balustre, fond bleu à dessins gravés à la pointe, dragons, éclairs et attributs qui transparaissent en blanc.

Marqué du Nien-Hao. — *Tch'ing-Hoa*. (1465-1488.)

Haut., 0.17.

30 — Une paire de Vases couverts, à six pans, décorés en émaux de la famille verte de bordures, de rochers fleuris, de modèles et de paysages avec animaux.

Haut., 0.56.

31 — Grande Potiche couverte, décorée en bleu sous glaçure, au col et à la base de bordures fond bleu à rinceaux et fleurs réservées en blanc, et, sur la panse, de trois rangées horizontales de médaillons juxtaposés ornés de plantes fleuries et de sujets.

Le couvercle est surmonté d'un chien de Fô.

S. B. S. — Haut., 0.60.

32 — Une paire de Cornets à anneau médian, décorés en bleu sous couverte, d'une succession de bandes longitudinales dont l'intérieur est occupé

par des plantes fleuries s'élevant verticalement en guirlandes de fleurs et feuillages.

Marqués « à la feuille enrubannée ».

Haut., 0.53.

33 — Une paire de petites Bouteilles à anses portant des anneaux ; elles sont décorées de plantes fleuries peintes en bleu sous couverte.

Marquées « à la feuille ».

Haut., 0.16.

34 — Bouteille semblable aux précédentes, mais plus grande.

Marquée du Nien-Hao. — *Tch'ing-Hoa.* (1465-1488.)

Haut., 0.26.

35 — Vase à col très évasé et à piédouche, remarquablement décoré, en émaux de la famille verte. d'une grande richesse de ton, sur la panse d'une large collerette à lambrequins fond vert piqueté et lisérés de noir, ornés de rinceaux, de chimères et de peintures ornementales ; au-dessus et au-dessous s'échappent des feuilles d'eau.

Haut., 0.40.

36 — Cornet à anneau médian décoré en bleu cobalt et rouge de cuivre, de plantes fleuries et d'un Fong-Hoang, sur un rocher en céladon, gravés légèrement en relief.

Marqué du Nien-Hao.— *Kang-Hy*. (1662-1723.)

Por. de Ch. Fig. 102.

Haut., 0.45.

37 — Bouteille sphérique à long goulot droit, décorée de chimères jouant avec des boules enrubannées et sur le goulot de feuilles d'eau dressées dans le goût oriental : le tout peint avec les émaux de la famille verte.

Cette pièce remarquable présente un intérêt particulier à cause de l'irisation des émaux et de la couverte blanche.

Por. de Ch. Fig. 73.

Haut., 0.45.

38 — Une paire de Vases carrés avec leurs couvercles décorés en bleu sous couverte de scènes de théâtre ou de roman.

Por. de Ch. Fig. 30 et 31.

S. B. S. — Haut., 0.34.

39 — Vase carré semblable aux précédents.

Haut., 0.34.

40 — GRAND CORNET à anneau médian, décoré en émaux de la famille verte, à la partie supérieure d'un combat, sur l'anneau d'un fond vert piqueté à quatre médaillons d'animaux, et, à la partie inférieure, d'un paysage animé d'un sujet symbolique.

Por. de Ch. Pl. X, n° 47.

S. B. S. Haut., 0.54.

41 — FLACON fond jaune à huit pans, sur chacun desquels se trouve représenté l'un des *Pa-Chen* entouré de nuages et habillé de vert, de brun violacé ou de bleu.

Haut., 0.12.

42 — BOUTEILLE à col évasé, mi-partie de blanc décoré de rochers fleuris en bleu cobalt, mi-partie bleu empois, séparées par une zone brun foncé.

Por. de Ch. Fig. 23.

Haut., 0 22.

43 — BOUTEILLE SPHÉRIQUE à goulot évasé, portant deux renflements; elle est mi-partie de blanc décoré de lambrequins bleus sous couverte, mi-partie à

couverte brun foncé; au milieu, zone blanche à fine craquelure.

Por. de Ch. Fig. 19.

Haut., 0.27.

44 — Bouteille dont la panse est bleu empois à dessins gravés, et le goulot blanc orné d'un dragon bleu et rouge de cuivre.

Marquée « à la feuille ».

Haut., 0.25.

45 — Bouteille mi-partie blanche à rochers fleuris en bleu sous couverte et mi-partie à couverte céladon séparées par une zone brune.

Haut., 0.22.

46 — Une paire de Cornets, décorés de sujets en pâte blanche posée sur couverte café au lait.

Por. de Ch. Fig. 18.

Haut., 0.35.

47 — Bouteille de forme persane à couverte brun foncé et décorée en pâte blanche de fleurs et d'ornements.

Hist. de la Porcelaine de Jacquemart et Le Blant. Pl. XIX, fig. I.

Haut., 0.26.

48 — Potiche élancée à col élevé et couvercle en forme de toit; elle est ornée en bleu sous couverte d'un décor dit « à broderies » composé de bandes fond bleu à pivoines réservées s'entre-croisant en large réseau dont l'intérieur des mailles est occupé par des rochers fleuris.

Marquée de « la célosie à crête feuillue ».

Por. de Chine. Pl. XVIII, no 85.

S. B. S. — Haut., 0.67.

49 — Potiche de même forme que la précédente, décorée en bleu de six panneaux à vase fleuri, au-dessus et au-dessous, larges bordures fond bleu à semis de feuillages réservés.

Marquée « à la feuille enrubannée ».

S. B. S. — Haut., 0.60.

50 — Une paire de Bouteilles à couverte céladon et décorées de bordures à lambrequins et de modèles peints en émaux de la famille verte.

Haut., 0.28.

51 — Vase balustre à décor pareil à celui des deux bouteilles précédentes.

Haut., 0.28.

52 — Petit Vase à couverte grise craquelée, décoré de zones et de têtes de lion en terre de boccaro en relief.

Haut., 0.18.

53 — Vase balustre en porcelaine épaisse à couverte transparente, légèrement colorée de vert et régulièrement craquelée.

Haut., 0.33.

54 — Petit Vase à anses, dont la couverte épaisse, transparente et craquelée, est colorée d'un beau vert émeraude.

Très bel échantillon, malheureusement brisé.

Haut., 0.19.

55 — Vase carré, violet aubergine, émaillé sur biscuit portant en relief sur chacune des faces deux des huit *Koua* séparés par le *yang* et le *yin*.

Por. de Ch. Fig. 54.

Haut., 0.30.

56 — Vase losange à couverte pourpre foncé; cette couverte en coulant sur les parties saillantes a ac-

centué en blanc le décor, dont le motif est le même que celui du vase précédent.

Por. de Ch. Fig. 55.

Haut., 0.30.

57 — Une paire de Vases à anses et de forme simulant chacun deux vases carrés pénétrant l'un dans l'autre suivant une section longitudinale.

Ils sont à couverte craquelée, grise, marbrée de teintes verdâtres et flambée de rouge pourpre foncé (couverte *Ma-Féi-Yeou*), « poumon de cheval. »

Haut., 0.33.

58 — Petit Vase gourde, légèrement aplati et à anses. Il est diapré de rouge et de bleu sur fond gris marbré de teintes verdâtres.

Variété de couverte *Ma-Féi-Yeou*, « poumon de cheval ».

Por. de Ch. Pl. V, n° 53.

Haut., 0.18.

59 — Petit Vase, légèrement aplati et à anses fond bleu et gris flambé de rouge éclatant.

Variété de couverte *Tsi-Hong-Yeou*. Rouge flambé.

Por. de Ch. Pl. V, n° 53.

Haut., 0.18.

60 — Grande Bouteille à couverte rouge brun jaspée de rouge sanguin.

Variété de couverte *Ma-Kân-Yeou*, « foie de cheval ».

La pièce est garnie d'une monture moderne en bronze doré.

Haut. de la bouteille, 0.45; haut totale, 0.61.

61 — Bouteille de forme bulbeuse et à anses en porcelaine opaque ayant quelque apparence de pâte tendre; elle est décorée, sur couverte blanche ordinaire, d'une seconde couverte rouge pourpre *Tsi-Hong*, qui, en coulant sur les parties saillantes, les a fait transparaître en teintes moins foncées du rouge au blanc pur.

Ce remarquable échantillon ne porte point de marque.

Haut., 0.37

62 — Grande Potiche pataude, avec couvercle à bouton de nélumbo; elle est richement décorée, en émaux de la famille verte, de bordures à compartiments occupés par des rochers fleuris et des animaux, et sur la panse fond vert, à rinceaux noirs et *Fong-Hoang* éployés, de quatre grandes réserves ornées d'une corbeille de fleurs.

Por. de Ch. Pl. XII, n° 74.

S. B. S. — Haut., 0.62.

63 — Grande Potiche de même forme et de même importance que la précédente, avec couvercle surmonté d'un chien de Fô ; celle-ci est fond vert clair piqueté semé de fleurettes et de modèles. Sur ce fond se détachent huit réserves de grandeurs différentes, dont quatre à corbeilles de fleurs et les autres à plantes fleuries et animaux symboliques.

S. B. S. — Haut., 0.62.

64 — Vase rouleau à médaillons bleu fouetté, ornés de dessins en or, se détachant sur un jeté de rinceaux feuillus à grandes pivoines en émaux de la famille verte, ainsi que les bordures qui encadrent le tout.

Por. de Ch. Pl. XV, n° 83.

S. B. S. — Haut., 0.45.

65 — Potiche ovoïde décorée fond bleu fouetté à grandes réserves de formes variées, ornées de camaïeus bleus avec quelques touches de rouge de cuivre. La principale de ces réserves est occupée par un lion debout sur la cime d'un rocher émergeant des flots.

Haut., 0.46.

66 — POTICHE semblable à la précédente, dont le col a été baissé pour adapter un couvercle.

Por. de Ch. Pl. XX, n° 84.

S. B. S. — Haut., 0.46.

67 — UNE PAIRE DE VASES ROULEAUX, fond bleu fouetté à sujets réservés, peints avec les émaux de la famille verte. Ces sujets représentent un grand personnage entouré sur l'un des vases des emblèmes de la pros périté et de la longévité, et sur l'autre de ceux de la richesse et des honneurs.

Por. de Ch. Pl. XV, n° 81.

Haut., 0.43.

68 — VASE BALUSTRE à décor analogue, remarquablement bien peint.

S. B. S. — Haut., 0.40.

69 — VASE ROULEAU, fond bleu fouetté, à dessin or imitant les ondulations des flots, au milieu desquels se jouent des poissons rouges.

Haut., 0.45.

70 — VASE ROULEAU, semblable au précédent, mais où les poissons sont un peu moins grands.

Haut., 0.45.

71 — Une paire de Vases rouleaux, fond bleu fouetté, à dessin en or, représentant de grandes pagodes sur le bord d'un fleuve.

Haut., 0.45.

72 — Une paire de Vases cornet, fond bleu lapis fouetté, décorés de rinceaux or, encadrant des médaillons occupés par des rochers fleuris et des modèles, également en or.

Haut., 0.42.

73 — Une paire de Bouteilles piriformes à col renflé et surmonté d'une partie campanulée; elles sont fond lapis fouetté, à réserves en forme de grenade, ornées de paysages ou de rochers fleuris peints sur cru avec le même bleu.

Haut., 0.25.

74 — Une paire de Bouteilles à col portant deux renflements; elles sont fond bleu fouetté, semé de cartouches de fleurs ou de modèles peints en émaux de la famille verte.

Haut., 0.27.

75 — Vase a piédouche et large col, portant un renflement annulaire; il est fond beau bleu fouetté orné de dessins or.

Haut., 0 46.

76 — Une paire de Vases cornet, fond bleu fouetté, à sujets et paysages en or. (Ces ors ont été ravivés en Europe.)

M. B. Haut., 0.46.

77 — Vase cornet, fond bleu fouetté, surdécoré en Europe d'un dragon en or et de bordures grecques en émail vert fortement irisé.

Haut., 0.46.

78 — Deux Boites a thé ovoïdes, couvertes d'une calotte en argent; elles sont décorées d'un fond bleu caillouté à fleurs de pêchers.

Haut., 0.12.

79 — Bouteille gourde, même décor fond bleu caillouté à fleurs de pêcher.

Haut., 0.19.

80 — Une paire de Potiches couvertes, décorées dans le genre japonais de Hizen, de bordures à lambrequins fond rouge lisérés de bleu; la panse est occupée par des buissons fleuris dont les troncs noir mat sont rehaussés d'or, les fleurs de formes ornementales rappelant la pivoine ou l'œillet sont peintes en rouge de fer ou en or.

Les couvercles sont surmontés d'un chien de Fô en biscuit.

Por. de Ch. Fig. 7.

Haut., 0.50.

81 — Vase rouleau, décoré, en émaux de la famille verte, de bordures et d'un sujet guerrier tiré de l'histoire des Trois royaumes : Le ministre *Tiao-Yoan* sauve l'orphelin de la Chine et l'abrite sous l'étendard impérial.

Haut., 0.44.

82 — Vase rouleau, décoré d'un sujet guerrier, comme le précédent et pouvant lui faire pendant.

Haut., 0.45.

83 — Vase rouleau, aussi à décor famille verte d'un sujet représentant un empereur entouré des membres de sa famille et de ses ministres.

Haut., 0.45.

84 — Vase rouleau, décoré en émaux de la famille verte au col de rochers et de bambous, sur l'épaulement d'une bordure et sur le corps d'un sujet remarquablement exécuté : il représente un grand personnage, un sceptre à la main et coiffé du bon-

net de lettré, entouré des groupes allégoriques de la prospérité et de la longévité. Au-dessus de lui une chauve-souris complète la réunion des emblèmes du triple souhait, bonheur, prospérité et longue vie.

Haut., 0.45.

85 — Vase de forme ovoïde allongée, décoré en émaux de la famille verte, d'un sujet légendaire de la dynastie des *Tcheou* : l'empereur entouré de sa famille et des grands dignitaires, avait déclaré qu'il donnerait le commandement de l'armée au plus robuste d'entre eux ; après des épreuves successives, l'un des généraux réunis à ce propos, à la grande surprise de l'assistance, élève à bras tendu un énorme trépied de bronze.

M. B. — Haut., 0.47; totale, 0.57.

86 — Bouteille gourde à double renflement décoré de bordures et de fleurs en émaux de la famille verte ; le renflement intermédiaire est fond rouge de fer à rinceaux réservés et dorés.

Por. de Ch. Pl. VII. n° 49.

M. A. — Haut., 0.24.

87 — Vase forme bouteille, bleu turquoise olivâtre.

finement truité et orné de rinceaux gravés dans la pâte.

Por. de Ch. Pl. XIII, n° 56.

Haut., 0,26.

88 — Vase bleu turquoise, truité et flambé de bleu foncé.

Por. de Ch. Pl. XIII, n° 101.

Haut., 0,24.

89 — Vase bleu turquoise céleste, finement truité et de forme singulière : Le col simule une coupe cannelée posée sur le corps d'une potiche à surface gaufrée en écailles de poisson et autour de laquelle s'enroulent en haut-relief deux serpents, dont les têtes en se séparant complètement de la pièce viennent former anses à la partie supérieure de la panse. Ce vase est posé sur socle assorti garni de bronze.

(On retrouve la description de cette pièce dans les catalogues de plusieurs collections du siècle dernier, dont il paraît avoir fait successivement partie.)

Por. de Ch. Pl. XIII, n° 57.

Haut. du vase, 0,27; totale, 0,42.

90 — Cornet, bleu turquoise finement truité, à anneau

médian et décor en relief imité des bronzes antiques.

Por. de Ch. Pl. XIII, n° 103.

M. A. — Haut., 0.38.

91 — Vase fuselé, décoré de bordures et de modèles finement peints avec les émaux de la famille verte, du rose et du jaune clair. Le décor se détache sur un fond de bouclettes brunes. L'orifice est garni d'un large cercle en argent, dentelé et gravé.

Por. de Ch. Pl. VII, n° 107.

Haut., 0.45.

92 — Vase décoré en émaux de la famille verte, d'un fond vert piqueté, semé de fleurettes et d'attributs de lettré, à quatre médaillons et deux grands panneaux réservés, ces derniers à paysages animés de deux personnages singuliers, et les autres d'ornements symboliques ou d'animaux.

Haut., 0.45.

93 — Vase lisbette, à décor famille verte : sur le col une bordure de feuilles d'eau dressées et sur la panse un fond vert piqueté à rinceaux émaillés en blanc et tiges feuillues portant des chrysanthèmes alternativement rouge de fer, bleu ou brun violacé :

ce fond est interrompu à la partie médiane par une zone réservée, ornée elle-même de légers bouquets à fleurs ornementales.

Haut., 0.42.

94 — Vase tubulaire à col légèrement évasé, orné en bleu sous couverte du *Ki-lin* et du *Fong-hoang*, dans un site fantastique.

Haut., 0.46.

95 — Vase rouleau, décoré d'un sujet à grands personnages, représentant le groupe allégorique de la prospérité, peint sur cru en beau bleu agatisé. A la partie opposée de ce sujet, le vase est orné d'un semis de caractères *Fò* (bonheur) sous autant de formes différentes qu'il est de fois répété.

Por. de Ch. Fig. 119.

Haut., 0.45.

96 — Bouteille pataude à col droit ; elle est décorée de sujets peints avec les émaux de la famille verte, et du bleu cobalt posé à l'avance sur cru.

Marquée du Nien-Hao. — *Yong-Tching*. (1723-1736.)

Por. de Ch. Fig. 97. Pièce semblable.

Haut., 0.39.

97 — Vase ovoïde couvert, fond vert tendre à mosaïques et dragons, sur lequel sont réservés quatre panneaux à rochers et corbeilles fleuries, en émaux de la famille verte.

Haut., 0,30.

98 — Vase ovoïde à riche décor famille verte, bordures, rochers fleuris, papillons et large collerette en lambrequins fond vert piqueté semé de fleurs de pêcher peintes en rouge et bordés de bleu.

Ce vase est muni d'un couvercle moderne à décor assorti.

Por. de Ch. Fig. 110.

Haut., 0,27.

99 — Vase ovoïde à col rabattu et à anses en relief; il est recouvert d'un émail opaque vert petit pois, finement craquelé.

Haut., 0 25.

100 — Vase forme potiche à anses et col terminé en anneau; il est recouvert comme le précédent d'un émail vert petit pois craquelé.

Haut., 0,23.

101 — Vase ovoïde à couverte céladon clair, sur laquelle se détachent en réserves quatre groupes

de trois pêches peintes en rouge de cuivre ; le couvercle est décoré de même.

Por. de Ch. Pl. XXII, n° 106.

Haut., 0.24.

102 — Vase potiche à col évasé et à anses, dont la couverte brun foncé est semée d'une infinité de petits points jaunes. (Couverte désignée en Chine par *feuille de Thé en poudre*).

Marqué en cachet du Nien-Hao. — *Yong-Tching.* (1723-1736.)

Haut., 0.36.

103 — Une paire de Vases potiches, à panse déprimée et à couverte feuille de thé en poudre.

Marqués d'un cachet illisible.

Haut., 0.33.

104 — Vase à double enveloppe, celle extérieure de forme hexagonale est réticulée à jour et recouverte d'une glaçure jaune brunâtre.

Haut., 0.21.

105 — Vase balustre à décor émaillé en plein, vert, jaune paille, lilas clair, et blanc, composé d'un fond quadrillé à médaillons de formes diverses contenant chacun un chrysanthème ornemental.

S. B. S. — Haut., 0.38.

106 — Vase cornet à décor famille rose, sur la panse d'un sujet familier, et sur le col de deux *Foug-hoang* éployés, peints en rose éclatant et en noir rehaussé d'or.

Por. de Ch. Pl. XXV, n° 119.

Haut., 0.35.

107 — Une paire de Potiches couvertes, fond émaillé rouge d'or semé de chrysanthèmes polychromes et à réserves de formes diverses ornées de plantes fleuries.

Haut., 0.43.

108 — Potiche couverte, fond émaillé rose du Barry à décor semblable à celui des deux précédentes.

Por. de Ch. Pl. XXV, n° 122.

Haut., 0.45.

109 — Potiche couverte décorée de lambrequins rouges à fleurs et lisérés de bleu, au-dessous, d'un fond émaillé jaune à rinceaux verts et fleurs polychromes ; sur ce fond se détachent deux grandes réserves en forme de pêche contenant des plantes fleuries.

Haut., 0.42.

110 — Potiche couverte analogue à la précédente et pouvant lui faire pendant.

Haut., 0.42.

111 — Vase cornet même genre de décor fond jaune émaillé, à rinceaux verts et tiges à feuilles bleues portant des primevères à cœur rouge.

Haut., 0.45.

112 — Une paire de Vases cornets même décor que le précédent, sur fond rose.

Haut., 0.45.

113 — Une paire de Vases carrés, posés dans leur pied ajouré, ils sont décorés en émaux de la famille rose de bordures et de sujets représentant des scènes de théâtre.

Por. de Ch. Pl. XXV, n° 120.

Haut., 0.35.

114 — Une paire de Vases semblables aux précédents et à décor analogue.

Haut., 0.35.

115 — Garniture de cinq Pièces à décor famille rose; rochers fleuris et coqs peints au naturel.

Por. de Ch. Pl. XXV, n° 121.

Haut., 0.36.

116 — Bouteille à double enveloppe et à anses, dont le décor dentelle ciselé dans la pâte s'accentue sous

une couverte céladon clair. Quatre rosaces à jour laissent voir le vase intérieur, qui est décoré bleu sous couverte.

Marquée du Nien-Hao. — *Kien-Long*. (1736-1796.)

Por. de Ch. Pl. **XXXI**, n° 54.

S. B. S. — Haut., 0.32.

117 — Petite Bouteille à épaulement saillant émaillé sur biscuit d'un fond marbré de blanc, de brun, de jaune et de vert.

Haut., 0.17.

118 — Petit Vase carré à couverte noirâtre jaspée de bleu céleste simulant une pierre dure; il est orné de reliefs frottés d'or, ainsi que l'intérieur et le dessous du pied.

Cette pièce, d'une grande rareté, porte le Nien-Hao, en cachet. — *Kien-Long*. (1736-1796.)

Por. de Ch. Fig. 78.

Haut., 0.15.

119 — Petit Vase rouleau à couverte noire *Ou-King*, décoré d'un pêcher fleuri en or.

Haut., 0.25.

120 — Bouteille à large panse et col évasé, dont la couverte est noire *Ou-King*.

Haut., 0.29.

121 — Petite garniture de cinq Pièces composée de trois bouteilles et deux cornets à décor famille rose : sujet dit « au repas de poisson ».

Haut., 0.18.

122 — Vase émaillé sur biscuit d'un fond bleu turquoise uniformément jaspé gros bleu et finement craquelé.

Por. de Ch. Pl. V, n° 126.

S. B. S. — Haut., 0.37.

123 — Vase a couverte grisatre régulièrement craquelée; il est décoré d'ornements gaufrés, vanneries et mosaïques en terre de boccaro, parmi lesquels quatre médaillons formés du caractère Fô (bonheur) émaillé en blanc.

Por. de Ch. Pl. IX, n° 127.

Haut., 0.38.

124 — Jarre a vin à anses simulant les nageoires dorsales de deux carpes dressées l'une contre l'autre;

l'illusion est complétée par un décor à écailles peint en bleu cobalt mélangé de rouge de cuivre; au-dessous et entre les deux carpes, des emblèmes et des rochers en bleu.

Por. de Ch. Pl. XX, n° 124.

Haut., o.33.

125 — Jarre a vin semblable à la précédente, et même décor, moins foncé.

Haut., o.33.

126 — Vase balustre bleu turquoise olivâtre, d'un ton uniforme et finement truité.

Haut., o.35.

127 — Une paire de Vases balustre, émaillé sur biscuit gros bleu violacé de la prune, « *Meï-Tse-Tsing* ».

Haut., o.35.

128 — Vase couvert à double enveloppe, celle extérieure de forme hexagonale à arêtes saillantes rouge-brun. Ces arêtes encadrent chacun des compartiments de la surface, qui sont réticulés, émaillés vert foncé et ornés de réserves pleines en profil de vases contenant des fleurs.

Haut., o.48.

129 — Vase balustre à anses, fond rose émaillé tout couvert de vermiculures gravées à la pointe et de grandes fleurs polychromes ornementales. Sur le col et la panse se trouvent des cartouches réservés, ornés de plantes fleuries ou de paysages animés.

Marqué du Nien-Hao, en cachet. — *Kien-Long*. (1736-1796.)

Por. de Ch. Pl. XXXII, n° 161.

Haut., 0.40.

130 — Grande Gourde aplatie à anses, simulant un bronze ancien par le ton de la couverte et les taches imitant l'oxyde de cuivre. Elle est décorée sur chaque face d'un grand médaillon circulaire à dragons décoratifs en relief, entourant le caractère cheou, longévité.

Marquée du Nien-Hao. — *Kien-Long*. (1736-1796.)

Por. de Ch. Pl. XXXII, n° 157.

Haut., 0.45.

131 — Une paire de Vases ovoïdes en porcelaine coquille d'œuf, à décor dit « à mandarins ».

Por. de Ch. Fig. 17.

Haut., 0.28.

132 — Bouteille à couverte céladon foncé, sur décor ciselé sur cru, de dragons impériaux et de Fong Hoang entourés de flammes et de nuages.

Marquée du Nien-Hao en cachet. — *Kien-Long.* (1736-1796.)

Por. de Ch. Pl. XXXII, n° 159.

Haut., 0.30.

133 — Petit Vase (arc-en-ciel) émaillé en plein sur biscuit avec les différents émaux de la famille rose, projetés les uns à côté des autres par le procédé du soufflage.

Haut., 0.24.

134 — Bouteille à couverte noire, flambée et jaspée de bleu clair; elle est ornée en relief de deux dragons enroulés sur le col.

Por. de Ch. Pl. V, n° 134.

S. B. S. — Haut., 0.30.

135 — Grand Cornet à anneau médian fortement en relief et à couverte jaune de citrouille; il est décoré de feuilles d'eau et d'emblèmes émaillés vert, bleu ou brun violacé, l'anneau est occupé par deux rangées horizontales du caractère Cheou (longévité) en relief et émaillés.

Haut., 0.59.

136 — Bouteille à large panse et col évasé, elle est aussi à couverte jaune de citrouille sur laquelle se détache un chrysanthème à fleurs blanches.

Haut., 0.17.

137 — Une paire de Vases en forme de bourse quadrangulaire et à anses; ils sont munis d'une couverte rouge de cuivre foncé, flambée de bleu et de gris.

Haut., 0.30.

138 — Vase balustre, à couverte tigrée de bleu, de gris et de noir.

Haut., 0.40.

139 — Vase bleu empois, présentant en réserve, un rocher brun rouille, légèrement en relief, du sommet duquel un singulier personnage tend un chapelet de sapèques à un énorme crapaud à demi sorti de sa retraite; le crapaud, symbole de l'économie cupide, et le personnage qui le tente, sont peints en bleu, sous couverte.

Por. de Ch. Pl. XX, n° 135.

Haut., 0.35.

140 — Vase du même genre que le précédent, décoré

d'un rocher, de chrysanthèmes et d'une chauve-souris.

Haut., o.35.

141 — Trois petites Pièces, bleu turquoise, deux bouteilles et une gourde.

Haut., o.15.

142 — Une paire de Vases, forme balustre aplati, en porcelaine de la Compagnie des Indes, à anses et décor « à mandarins » sur fond œil-de-perdrix.

Haut., o.23.

143 — Une paire de Bouteilles à couverte unie rouge haricot.

Haut., o.21.

144 — Petit Vase piriforme renflée à la partie supérieure, muni d'une couverte bleu fleur de lin, craquelée.

Hut., ao.20.

STATUETTES, PITONGS

ET OBJETS DIVERS

145 — Long Pitong carré posé dans son pied ajouré, il est décoré en haut-relief d'une branche de pêcher chargée de fruits qui s'étend sur les quatre faces, et en outre, de grues et de bordures peintes en émaux de la famille verte.

Por. de Ch. Pl. VII, n° 21.

Haut., 0.40.

146 — Sorte de Presse-Papier creux, rectangulaire, décoré en plein sur biscuit de rinceaux à grandes fleurs, sur fond gris violacé piqueté de noir.

Por. de Ch. Pl. VI, n° 43.

Long., 0.34.

147 — Boîte décorée sur biscuit de fleurs et oiseaux en émaux de la famille verte, et offrant en dedans la représentation de l'intérieur d'une habitation.

Por. de Ch. Fig. 101.

Long., 0.14.

148 — Pitong carré à décor famille verte, fleurs, paysages et bordures à bâtons rompus.

Haut., 0.15.

149 — Sorte de Pitong cylindrique, à décor famille verte, en partie sur biscuit, en partie sur couverte.

Haut., 0.22.

150 — Deux Statuettes de lettrés, debout et tenant un rouleau; ils sont vêtus de longues robes diversement décorées sur biscuit en émaux de la famille verte.

Haut., 0,25.

151 — Statuette de Cheou-Lao, assis et tenant en main une pêche. Le Dieu de la longévité est vêtu d'une robe verte ornée de pêches et de grues coloriées de violet ou de jaune, le tout émaillé sur biscuit.

Por. de Ch. Fig. 41.

Haut., 0.25.

152 — Socle à décor famille verte, sur biscuit, et présentant un médaillon à jour, au travers duquel se voit une paroi intérieure, décorée en rouge de fer.

Haut., 0.14.

153 — Statuette représentant une dame chinoise, assise, un éventail à la main, et vêtue d'une robe verte ornée de rosaces formées du caractère Chéou (longévité).

Haut., 0.17.

154 — Plateau en forme de table hexagonale supportée par des pieds contournés; il est décoré sur biscuit de peintures vieille famille verte; la table fond vert est ornée d'un pêcher à fleurs blanches et d'oiseaux.

Diam., 0.24.

155 — Deux Plaques peintes en émaux de la famille verte, de sujets familiers; elles sont dans leur bordure en bois de fer burgauté.

Por. de Ch. Fig. 29.

Larg., 0.24.

156 — Brule-Parfums en forme de chat couché, émaillé sur biscuit, en gris avec taches noires.

Por. de Chine. Fig. 76.

Haut., 0.11.

157 — Une paire de Perroquets verts, posés sur terrasse.

Por. de Ch. Fig. 64.

Haut., 0.22.

158 — Réservoir a eau pour encrier, composé d'un pot sur lequel s'appuie, en l'inclinant, un personnage endormi coiffé du bonnet des lettrés. La pièce est finement décorée sur biscuit, le pot fond vert à chevaux, perles et pierres sonores, symboles de l'écriture, du talent et de la justice; le personnage est enveloppé d'une longue robe lilas clair, semée d'ornements et du caractère longévité émaillés en vert.

Por. de Ch. Fig. 77.

159 — Une paire de petites Chimères assises (chiens de Fô), décorées sur biscuit en vert, jaune paille et lilas clair. Le tube destiné au bâtonnet parfumé porte plusieurs fois répété le caractère Chéou (longévité).

Por. de Ch. Pl. XI, n° 72.

Haut., 0,20.

160 — Une paire de petites Chimères semblables aux précédentes, décorées vert, jaune et brun foncé.

Haut., 0,22.

161 — Une paire de semblables Chimères, bleu turquoise et violet, sur socle violet.

Por. de Ch. Fig. 38.

Haut., 0,19.

162 — Deux Chimères de même espèce, entièrement bleu turquoise céleste, sur socle violet.

Haut., 0.18.

163 — Une paire de petites Chimères, debout sur terrasse, elles sont décorées sur biscuit vert pâle, la crinière et la queue gris violacé.

Por. de Ch. Fig. 39.

Haut., 0.13.

164 — Une paire de petites Chimères analogues aux précédentes.

Por. de Ch. Fig. 40.

Haut., 0.14.

165 — Une paire de petits Chiens assis, à couverte blanche légèrement céladonnée.

Haut., 0.15.

166 — Une paire de petits Chiens semblables aux précédents, émaillés sur biscuit, jaune, vert et brun violacé.

Haut., 0.15.

167 — Trois petits Chiens de même genre, l'un blanc, le second vert, à taches noires, et le troisième brun violacé, à reflets fortement irisés.

Haut., 0.15.

168 — Deux petites Coupes en forme de feuille de nélumbo, accostée d'un canard ; elles sont émaillées sur biscuit en vert, jaune et brun.

Haut., 0,06.

169 — Petit Canard dans l'attitude du repos, la tête retournée et appuyée sur le corps, décoré sur biscuit en vert et noir.

Haut., 0,05.

170 — Porte-Bouquet en forme de carpe dressée, et coloriée de gris et de jaune, émaillés sur biscuit.

Por. de Ch. Fig. 15.

Haut., 0,28.

171 — Large Pitong décoré d'un sujet commémoratif, peint sur cru en bleu cobalt et en rouge de cuivre.

Por. de Ch. Fig. 32 et 33.

Haut., 0,18.

172 — Une paire d'Aspersoirs à couverte céladon, sauf sur le col qui est décoré de bleu sous glaçure blanche ordinaire.

Por. de Ch. Pl. **XXIV**, n° 86.

Haut., 0,20.

173 — Une paire d'Aspersoirs, jaune café au lait, à réserves décorée de fleurs bleu cobalt.

Por. de Ch. Pl. XXIV, n° 88.

Haut., 0.20.

174 — Une paire d'Aspersoirs, feuille morte, avec zone blanche craquelée à la naissance du col, qui est blanc orné de dessins bleu sous couverte.

Por. de Ch. Fig. 11.

Haut., 0.16.

175 — Deux Bouteilles de Kalioun (narguilé persan) en forme de grenouille et décorées de bleu sous couverte.

Haut., 0.20.

176 — Bouteille de Kalioun ornée de dessins bleus sous une couverte grisâtre, finement craquelée. Monture en argent de style oriental.

Por. de Ch. Pl. XIX, n° 93.

Haut., 0.23.

177 — Trépied couvert à longues oreilles, bleu turquoise intense, finement truité.

Por. de Ch. Pl. XIII, n° 102.

Haut., 0.27.

178 — Trépied bleu turquoise, à anses et couvercle réticulé surmonté d'un chien de Fô.

Por. de Ch. Fig. 79.

Haut., 0.17.

179 — Fontaine applique avec son bassin ovale, elle est de forme européenne, style Louis XIV, et ornée d'un décor chinois, bordure, fleurs et oiseaux peints en émaux de la famille verte.

Por. de Ch. Pl. XXIII, n° 99.

Haut. de la fontaine, 0.28.

180 — Écuelle couverte à anses plates, forme européenne, et décor de fleurs et oiseaux en émaux de la famille verte.

Diam., 0.16.

181 — Paon sur terrasse, portant sur le dos un tube ornementé, destiné à contenir le Nyan-Si-Hiang, ou une fleur; il est décoré sur biscuit d'un émail marbré de blanc, de vert et de jaune.

Haut., 0.13.

182 — Grand Pot couvert, fond noir émaillé semé de rinceaux verts et de fleurs polychromes, sur lequel se détachent quatre réserves de plantes fleuries peintes en émaux de la famille rose.

Por. de Ch. Pl. XXI, n° 115.

Haut., totale, 0.36.

183 — Coq décoré sur biscuit, avec les émaux de la famille rose.

Por. de Ch. Fig. 26.

Haut., 0.34.

184 — Sorte de grande Coupe couverte, composée d'un saladier, d'un compotier et d'un bol. Ces pièces superposées, sont retenues par une garniture en bronze dont toutes les parties sont mobiles.

Décor famille rose, à fleurs et papillons sur fond café au lait émaillé.

Haut. totale, 0.63.

185 — Deux petites Chimères couchées, bleu turquoise; elles sont fixées sur des socles carrés réticulés, émaillés sur biscuit vert feuille de camélia.

Haut., 0.75.

186 — Petit Ki-Lin accroupi, émaillé bleu turquoise.

Haut., 0.55.

187 — Brule-Parfums carré, partie gaufré, partie réticulé à bâtons rompus et orné de bordures mosaïques en émaux de la famille rose; le couvercle est surmonté d'un chien de Fô.

Por. de Ch. Pl. XXXI, n° 152.

S. B. S. — Haut., 0.18.

188 — POT A EAU et CUVETTE A CÔTES, décorés de fleurs, genre Hizen, en bleu sous couverte rouge de fer et or.

Haut. du pot, 0.16.

189 — GRANDE SOUPIÈRE COUVERTE, de forme européenne, style Louis XIV, en porcelaine épaisse, décorée de rinceaux et bordures en émaux de la famille rose; les pieds sont en bois.

Por. de Ch. Pl. XXIII, n° 129.

Haut., 0.40.

190 — SOCLE en forme de tour hexagonale, à décor famille rose.

Haut., 0.16.

191 — PETIT RÉSERVOIR A EAU en forme de théière, simulant une pêche colorée de jaune et de rouge, en émaux soufflés sur biscuit.

Haut , 0.08.

192 — JARDINIÈRE en forme de grand crapaud, en porcelaine grisâtre couverte d'une infinité de petits points blancs en relief.

Haut., 0 18.

193 — DEUX PETITS CRAPAUDS en biscuit grisâtre, à petits points blancs en relief.

194 — Deux très petites Statuettes se faisant pendant; elles sont bleu turquoise céleste, et représentent deux personnages montés chacun sur un gros crapaud.

Haut., 0.06.

195 — Deux très petites Statuettes, décorées en émaux de la famille rose; chacune d'elles représente l'un des Pa-Chen, debout sur un rocher.

Haut., 0.115.

196 — Pitong carré, décoré en émaux de la famille rose, de bordures, et sur chaque face d'un médaillon plein orné de plantes fleuries, se détachant sur fond réticulé.

Haut., 0.13.

197 — Chat assis, à couverte flambée, simulant un pelage gris bleuâtre tacheté de brun.

Haut., 0.20.

198 — Une paire de grandes Chimères assises, décorées sur biscuit d'un émail jaspé blanc, jaune et vert pâle.

Haut., 0.25.

199 — Brule-Parfums en forme de tombeau carré long, à oreilles et pieds droits; il est décoré en relief d'ornements et de têtes de clous frottés d'or;

la couverte imite le bronze rouge taché d'oxyde dans les creux.

Marqué en cachet du Nien-Hao. — *Kien-Long*. (1736-1796.)

Por. de Ch. Pl. XXXII, n° 158.

S. B. S. — Haut., 0.25.

200 — DEUX SIÈGES ou SOCLES, ajourés, décorés en bleu sous couverte, de rinceaux et de dragons décoratifs.

Haut., 0.28.

201 — UN LOT DE SOCLES et PETITES TABLES en bleu turquoise.

202 — UN LOT DE TABATIÈRES CHINOISES, à dragons ou sujets symboliques en relief.

203 — DEUX BOUTEILLES DE KALIOUN, l'une fond bleu de Perse à dessin or, l'autre à décor famille rose.

Haut., 0.18.

204 — SCEPTRE DE MANDARIN ou *Kouëi*, finement décoré en émaux de la famille rose; la plaque et le médaillon en relief de la poignée sont ornés d'un Fong-hoang, la poignée des Pa-Chen et d'une chauve-souris symbolique.

Long., 0.32.

COUPES ET BOLS

205 — Bol conique à petit pied, en très ancienne porcelaine opaque d'un blanc d'ivoire; elle est ornée intérieurement de nélumbos et de poissons dessinés par des traits en relief.

Pièce très rare portant les traces d'une monture ancienne.

Por. de Ch. Fig. 89.

Diam., 0,20.

206 — Bol décoré en bleu sous couverte, de bordures et de médaillons à sujet se détachant sur fond de biscuit gaufré à bâtons rompus.

Marqué du Nien-Hao. — *Tch'ing-Hoa.* (1465-1488.)

Diam, 0,22.

207 — Bol blanc dont l'extérieur non émaillé, est gaufré à bâtons rompus.

Marqué du Nien-Hao. — *Tch'ing-Hoa.* (1465-1488.)

Por. de Ch. Pl XIV, n° 24.

Diam., 0,20

208 — Une paire de Bols décorés de peintures en émaux de la famille verte, représentant des sujets de romans.

Marqués du Nien-Hao. — *Tch'ing-Hoa.* (1465-1488.)

Por. de Ch. Pl. VII, n° 79.

S. B. S. — Diam., 0.20.

209 — Bol en fine porcelaine, à décor bleu sous couverte, fleurs et « longues dames ».

Marqué du Nien-Hao. — *Tch'ing-Hoa.* (1465-1488.)

Diam., 0.16.

210 — Coupe a anse « dite à sacrifices, » décorée sur glaçure en émaux famille verte.

Por. de Ch. Fig. 100.

Haut., 0.05.

211 — Petit Trépied en forme de coupe à sacrifices, décoré sur biscuit d'ornements jaunes ou lilas sur fond vert.

Por. de Ch. Fig. 61.

Haut., 0.07.

212 — Coupe dite « de mariage, » de forme campanulée et à anse formée par un dragon jaune; elle

est décorée sur biscuit, à l'intérieur, d'une large bordure mosaïque verte à réserves d'emblèmes, et à l'extérieur de plantes à fleurs ornementales sur fond vert piqueté. (Pièce très rare.)

Por. de Ch. Fig. 81.

Haut., 0.12.

213 — COUPE A SACRIFICES, bleu turquoise céleste.

Haut., 0.05.

214 — COUPE OVALE, jaune impérial, ornée en relief d'une branche de magnolia fleurie et émaillée au naturel.

Haut., 0.12.

215 — BOL à couverte extérieure café au lait, sur laquelle sont peints, en émaux de la famille verte, les Pa-Chen debout sur les flots.

Diam., 0.19.

216 — BOL DOUBLE CUL-DE-POULE, à couverte café au lait, décoré intérieurement et extérieurement de bordures et ornements en émaux de la famille verte.

Diam., 0.20.

217 — BOL de même forme, à couverte céladon craquelée, orné de bordures famille verte.

Diam., 0.19.

218 — Bol à huit pans, à couverte céladon craquelée, orné de tiges fleuries en émaux de la famille verte.

Diam., 0.18.

219 — Petite Jardinière à anses formées par des têtes de lion en terre de boccaro ; la couverte, régulièrement craquelée, est d'un beau ton bleu empois.

220 — Une paire de Bols campanulés, décorés sur biscuit fond vert tendre, à trois branches fleuries, gravées sur cru et émaillées de blanc, de brun et de jaune.

Marqués d'un cachet illisible.

Diam., 0.19.

221 — Bol à décor semblable à celui des précédents, inversement coloré sur fond jaune.

Même marque, même diamètre

222 — Bol semblable, fond brun foncé très irisé.

Même marque, même diamètre.

223 — Grand Bol décoré en émaux de la famille verte, à l'intérieur d'une large bordure composée de fleurs et de papillons, à l'extérieur d'un fond bleu fouetté rehaussé de rinceaux or, et d'un culot

réservé à faux godrons ornés de chimères ou de fleurs.

M. B. — Diam., 0.30.

224 — Bol gaufré à bâtons rompus et émaillé vert; sur ce fond se détachent des médaillons pleins ornés de fleurs en rouge de fer et or.

Marqué « à la feuille » gravée dans la pâte.

Diam., 0.19.

225 — Coupe dite « de mariage, » en forme de rhyton, représentant une tête de buffle bridé; elle est décorée sur biscuit gris violacé, ombré de petits traits imitant le pelage; les cornes sont noires, le tour des paupières, les lèvres et le dedans des oreilles rose. Sur le bord intérieur règne une petite bordure verte. (Pièce très rare.)

Por. de Ch. Fig. 80.

Haut., 0.12.

226 — Bol a pans, fond de rinceaux rouge capucine à fleurs dorées, et quatre réserves de fleurs, d'oiseaux et de poissons rouges se jouant dans un lac.

Diam., 0.15.

227 — Deux petites Coupes hémisphériques, fond bleu de Perse rehaussé d'un quadrillé à croissants en or,

ayant en réserve une bordure et trois cartouches lisérés de rouge et de vert, contenant de fines écritures en caractères turcs.

Por. de Ch. Fig. 34.

Haut., 0.06.

228 — Trois grands Bols décorés bleu sous couverte; à l'extérieur de faux godrons ornés de plantes fleuries, à l'intérieur d'une bordure et d'une corbeille de fleurs.

Marqués d'un caractère persan qui paraît être un talisman.

Diam., 0.24.

229 — Bol fond émaillé rouge d'or, à deux réserves, en forme de rouleau ouvert, montrant un paysage et deux médaillons ornés d'une tige à fleurs roses.

Diam., 0.14.

230 — Bol fond rouge brun veiné imitant le bois; sur ce fond est peint une plante de pivoine à fleurs roses et un coq blanc.

Diam., 0.14.

231 — Bol violet orné intérieurement de flammes et d'ornements dessinés par des traits en relief qui transparaissent en teintes plus claires.

Diam., 0.15.

232 — Bol couvert, dit « à présentoire, » en porcelaine fine décoré de fleurs et sujets familiers peints en émaux de la famille rose.

Diam., 0.15.

233 — Bol couvert, dit « à grains de riz » ; il est orné d'une peinture représentant un jardin dans lequel un empereur est à table sous des pêchers en fleurs.

Lorsqu'on interpose le bol entre l'œil et la lumière, les fleurs des arbres, les lanternes suspendues aux branches, et divers accessoires, apparaissent en transparence; le même effet se produit sur le présentoire et pour le décor intérieur du bol.

Marqué en cachet du Nien-Hoa. — *Kien-Long.* (1736-1796.)

Diam., 0.15.

234 — Bol en fine et blanche porcelaine, dont le décor ornemental en grains de riz apparaît plus visiblement lorsqu'on l'emplit de thé. (Pièce très rare.)

Por. de Ch. Fig. 25.

Diam., 0.13.

235 — Deux Bols décorés de larges bordures vertes ou rouge brun, à dessins émaillés, blanc ou rose violacé; l'espace compris entre les bordures est fond noir à figures bouddhiques, entourées de

flammes. L'intérieur fond vert tendre est orné d'une bordure et d'un médaillon central.

Por. de Ch. Fig 9.

Diam., 0.18.

236 — Bol analogue aux précédents, mais blanc à l'intérieur et dont le décor ressort sur fond vert.

Diam., 0.145.

237 — Coupe violette en forme de feuille de nélumbo.

Haut., 0.05.

238 — Coupe campanulée à trois lobes, émaillée vert clair bleutée à l'intérieur, et décorée extérieurement de rinceaux verts, réservés sur fond noir.

Marquée en cachet du Nien-Hao. — *Kien-Long*. (1736-1796.)

Haut., 0.06.

239 — Deux grandes Jattes à panse renflée, fond émaillé rose à rinceaux et fleurs polychromes et quatre médaillons ornés de fleurs ou d'un dragon dressé.

Diam., 0.18.

240 — Bol fond émaillé rouge amarante, tout couvert de petits rinceaux, gravés à la pointe, et à grandes fleurs polychromes; sur ce fond se détachent quatre

médaillons ronds à fleurs ou à modèles. L'intérieur du bol est richement décoré en bleu sous couverte.

Marqué du Nien-Hao. — *Tao-Kouang*.

Por. de Ch. Fig. 82.

Diam., 0.15

241 — Bol analogue au précédent, mais fond couleur lie de vin et médaillons ornés de paysages à l'encre de Chine.

Même marque, même diamètre.

242 — Bol analogue, fond bleu foncé et médaillons à paysages animés de sujet allégoriques.

Même marque, même diamètre.

243 — Bol analogue, fond bleu pâle et médaillons ornés de plantes fleuries, peintes au naturel.

Même marque, même diamètre.

244 — Deux Bols fond émaillé jaune à rinceaux et fleurs polychromes; à l'intérieur sont peintes cinq chauves-souris.

Marqués du Nien-Hao. — *Tao-Kouang*.

Diam., 0.18.

245 — Deux Bols fond émaillé rose, à rinceaux et

fleurs polychromes au milieu desquelles se trouve quatre fois répété le signe Fô, bonheur, surmonté d'une chauve-souris.

Marqués du Nien-Hao. - - *Tao-Kouang.*

Diam., 0,21.

246 — Un lot de plusieurs bols à décors variés.

PLATS ET ASSIETTES

247 — PETIT PLAT sur lequel sont peints en bleu sous couverte, les Huit immortels, les Pa-Chen, debout sur des nuages.

Marqué du Nien-Hao. — *Siouen-Te*.(1426-1436.) Por. de Ch. Fig. 48.

Diam., 0.27.

248 — PETIT PLAT décoré sur biscuit, d'un paysage sur fond jaune.

Por. de Ch. Pl. XXII, n° 18.

Diam., 0.20.

249 — PETIT PLAT décoré en bleu sous couverte, à l'intérieur d'un lis entouré de quatre branches chargées de fruits, à l'intérieur d'une guirlande de fleurs. Ce décor se détache en réserve sur un fond jaune impérial émaillé.

Marqué du Nien-Hao. — *Houng-Tchi*. (1488-1506.)

Por. de Ch. Fig. 93.

Diam., 0.26.

250 — ASSIETTE décorée sur le marli d'un fond vert à bouclettes noires et guirlande de fleurs et fruits. Ces derniers restés en blanc forment réserves ornées elles-mêmes de tiges fleuries. Sur la chute du marli, de larges lambrequins gris foncé à fleurs et lisérés de noir, au centre d'une rosace rouge et or.

Marquée « à la feuille ».

251 — PETIT PLAT vert, feuille de camélia, décoré d'attributs, disposés en bordure et au centre d'un vase de fleurs, dessinés au trait gravé et émaillés jaune ou violet.

Marqué du Nien-Hao, gravé dans la pâte. *Wan-Li*. (1573-1620.)

Por. de Ch. Pl. XXII, n° 40.

Diam., 0.22.

252 — ASSIETTE décorée d'une bordure verte à réserves de fleurs et de cinq médaillons fond rouge de fer, à jeux d'enfants.

Marquée « du brûle-parfums carré à quatre pieds. »

253 — GRAND PLATEAU DRAGEOIR, à neuf compartiments mobiles dont la réunion affecte la forme

d'une fleur de nélumbo épanouie ; il est décoré sur biscuit de fleurs et oiseaux sur fond jaune.

Por. de Ch. Pl. XI, n° 36.

Grand diam., 0.60.

254 — Grand Plateau drageoir de même forme que le précédent, décoré de chrysanthèmes à fleurs jaunes ou lilas, sur fond blanc de riz.

Por. de Ch. Fig. 27.

Grand diam., 0.60.

255 — Grand Plateau drageoir de même forme, à décor de fleurs et oiseaux sur fond vert.

Grand diam., 0.60.

256 — Plateau drageoir rectangulaire, à sept compartiments décorés de plantes fleuries sur fond jaune.

Grande larg., 0.27.

257 — Assiette à bords cannelés, ornée d'un buisson à grandes fleurs épanouies et d'une bordure de fleurs peinte en émaux de la famille verte.

Marquée « au lapin ».

258 — Plat de forme octogonale, à bords dentelés rouges et décor famille verte, composé d'un pêcher

et d'un saule-pleureur entrelacés autour desquels volent des hirondelles.

Diam., 0.32.

259 — Deux Plats à décor famille verte : bordure et représentation de l'intérieur d'un jardin dans lequel se promènent deux dames.

Diam., 0.41.

260 — Assiette à décor anologue à celui des plats précédents.

261 — Assiette à bordure fond vert piqueté à fleurs et réserves contenant un poisson ou une crevette ; le centre est occupé par deux Fong-hoang éployés.

262 — Assiette décorée sur le marli d'une bordure fond vert piqueté à fleurs et réserves contenant des poissons ; au centre de grandes plantes fleuries, sur l'une desquelles est posé un oiseau.

263 — Plat à décor famille verte, composé de deux bordures, l'une rouge de fer à fleurs de pêchers réservées, l'autre à compartiments, fond vert, gris ou lilas à mosaïques, fleurs et médaillons. Au centre sur un rocher entouré de grandes fleurs, sont posés deux grands oiseaux à queue de paon.

Diam., 0.40.

264 — Plat à bords lobés et décoré aussi de deux bordures, l'une rouge à fleurs de pêcher, l'autre à compartiments, ornés de tiges fleuries, et au centre de chrysanthèmes entourant deux grands oiseaux posés sur un rocher.

Diam., 0.36.

265 — Petit Plat à couverte céladon, craquelé, orné d'un buisson fleuri, peint en émaux de la famille verte.

Por. de Ch. Pl. XXII, n° 75.

Diam., 0.25.

266 — Plat à dessin cachemire en émaux de la famille verte. Il est garni d'un cercle en cuivre ouvré, d'un travail persan.

Por. de Ch. Pl. XXIV, n° 87.

Diam., 0.36.

267 — Plat à décor famille verte, bordure et rocher fleuri sur lequel est posé un faisan doré.

Marqué du Nien-Hao. — *Khang-Hy*. (1662. 1723.)

Por. de Ch. Pl. X, n° 67.

Diam., 0.33.

268 — Plat fond bleu fouetté à réserves d'attributs et d'animaux fantastiques sur le marli et au centre

d'un paysage animé du Ki-lin et du Fong-hoang, peints en émaux de la famille verte.

Marqué « à la pierre sonore ».

Diam., 0.40.

269 — Petit Plat bleu fouetté à cinq réserves, de formes variées, ornées de paysages ou de rochers fleuris, peints en émaux de la famille verte.

Diam., 0.21.

270 — Petit Plat bleu fouetté, rehaussé de dessins en or.

Diam., 0.27.

271 — Plat décoré d'une large bordure bleu fouetté, à dessin or et médaillons réservés, ornés de paysages ou de buissons fleuris. Au centre est représenté un épisode de roman, peint ainsi que les médaillon en émaux de la famille verte.

Marqué « à la pierre sonore enrubannée ».

Por. de Ch. Fig. 51.

Diam., 0.40.

272 — Plat semblable au précédent, sauf que le centre est occupé par un paysage.

Marqué aussi « à la pierre sonore enrubannée ».

Diam., 0.40.

273 — Petit Plat, à bords légèrement campanulés et dont le décor indique une pièce fabriquée pour l'usage du palais impérial : il se compose intérieurement et extérieurement de dragons à cinq griffes entourés d'éclairs vert clair sur fond vert foncé extrêmement irisé.

La pièce ayant sans doute été jugée défectueuse, on a pris soin, avant de la livrer au commerce, de dénaturer les dragons en dissimulant l'une des griffes de leurs pattes sous une couche épaisse d'émail vert noir, évidemment posée après coup.

Marqué du Nien-Hao. — *Khang-Hy*. (1662-1723.)

Diam., 0.25.

274 — Plat semblable au précédent, dont les dragons dénaturés de la même manière ressortent sur fond beau bleu agatisé.

Marqué du Nien-Hao. — *Khang-Hy*. (1662-1723.)

Diam., 0.25.

275 — Petit Plat violet aubergine, décoré de dragons à cinq griffes gravés dans la pâte.

Marqué du Nien Hao. — *Khang-Hy*. (1662-1723.)

Diam., 0.24.

276 — Petit Plat fond vert, décoré d'un buisson fleuri gravé dans la pâte et émaillé de blanc, de brun et de jaune.

Marqué d'un petit cachet illisible.

Diam., 0.20.

277 — Plat à couverte céladon posée sur un décor en relief ; tiges feuillues à fleurs ornementales et médaillon central, qui transparaissent en teintes plus claires.

Diam., 0.34.

278 — Plat bleu turquoise finement truité à décor de rinceaux feuillus portant des chrysanthèmes ornementaux gravés dans la pâte.

Diam., 0.32.

279 — Plat décoré en émaux de la famille verte, d'une bordure verte à réserves d'attributs, et, au centre d'un grand lettré recevant, de Cheou-Lao en personne, la pêche de longévité.

Marqué « à la pierre sonore enrubannée ».

Por. de Ch. Pl. XII, n° 48.

Diam., 0.36.

280 — Plat à riche décor famille verte, composé de deux bordures à fleurs, papillons et oiseaux et

d'un paysage animé du Ki-lin et du Fong-hoang.

Marquée « à la pierre sonore enrubannée ».

Por. de Ch. Fig. 37.

Diam., 0.37.

281 — Deux Plats à côtes et bords lobés, richement décorés en émaux de la famille verte. Le marli est occupé par une triple bordure à compartiments ornés de rochers fleuris et le centre par de grandes pivoines et un magnolia en fleurs croissant autour d'un rocher sur lequel est posé un faisan.

Marqués d'un cachet contenant le mot *Thsing*, dynastie des Thsing.

Diam., 0.36.

282 — Bassin ovale cannelé et bords lobés, à décor famille verte : bordures fleurs et oiseaux.

Grand diam., 0.36.

283 — Deux Plats décorés en bleu, sous couverte, de bordures, de plantes fleuries et de rochers entourés d'oiseaux.

Marqués « à la pierre sonore. »

Diam., 0.38.

284 — Plat à couverte imitant le bronze maculé de taches d'oxyde ; il est décoré en relief d'un anneau

formé des Pa-Koua, au centre duquel se trouve le Yang et le Yin.

Marqué en cachet imprimé du Nien-Hao. — *Yong-Tching.* (1723-1736.)

Por. de Ch. Fig. 53.

Diam., 0.40.

285 — PLAT à décor famille rose : il se compose de six tiges fleuries jetées sur le marli et d'un sujet central représentant la déesse Si-Wang-Mou sous un pêcher en fleurs, ayant près d'elle un enfant et un axis.

Marqué à la roue, d'une lettre et d'un numéro d'ordre du Musée de Dresde.

Por. de Ch. Fig. 43.

Diam., 0.37.

286 — ASSIETTE décorée en émaux de la famille rose : bordure et fleurs sur le marli, au centre, sujet représentant un cavalier prenant congé de deux dames.

287 — ASSIETTE OCTOGONALE ornée d'une large bordure rouge d'or à huit réserves de fleurs et d'un panier fleuri au centre.

Por. de Ch. Pl. XXX, n° 147.

288 — ASSIETTE de même forme et bordure semblable présentant au centre un sujet familier : une dame assise près d'une table surveille deux enfants qui jouent près d'elle.

289 — ASSIETTE richement décorée sur le marli d'un fond mosaïque vert tendre à trois réserves de fleurs et au centre d'un jeté de tiges fleuries, sur lequel se détache en réserve, un éventail orné d'une plante à fleurs roses et d'un faisan argenté.

Por. de Ch. Fig. 84.

Diam., 0.22.

290 — ASSIETTE rouge d'or décorée en réserve sur le marli de médaillons à paysage et de tiges de thé en fleurs ; au centre d'une branche de pêcher en partie cachée par un rouleau déployé, où se voient un rocher fleuri et deux coqs, l'un peint au naturel, l'autre blanc et rose.

291 — ASSIETTE décorée sur le marli d'un fond mosaïque vert à réserves de fleurs et fruits, la chute du marli est ornée d'une bordure rose quadrillée de noir, et à l'intérieur sur un fond de rinceaux bleus se détache un médaillon hexagonal décoré de papillons voltigeant autour d'un bouquet de fleurs

292 — ASSIETTE décorée d'une bordure verte cailloutée à fleurs de pêcher rouge de fer et réserves contenant un coq ou une perdrix; l'intérieur de l'assiette est occupé par deux perdrix entourées de graminées.

Marquée « à la coupe libatoire antique ».

293 — PETIT PLAT fond bleu agatisé sur lequel se détachent en jaune des dragons à cinq griffes entourés de flammes. (Décor analogue aux nos 273 et 274).

Marqué du Nien-Hao. — *Kien-Long*. (1736-1796.)

Diam., 0.25.

294 — ASSIETTE à riche bordure noire et or à rehauts rouges, composée de rinceaux courant le long des bords et d'une mosaïque chargée de quatre Kikous japonais et de quatre réserves à paysages. L'intérieur est occupé par un sujet champêtre, genre Teniers, peint avec les émaux de la famille rose.

Por. de Ch. Pl. XXIII, n° 132.

295 — ASSIETTE à bordure semblable, et décorée au centre d'un paysage en noir, représentant le bord d'un fleuve dans lequel un jeune paysan hollandais pêche à la ligne.

296 — ASSIETTE décorée en noir et or, de bordures à

ramages de fleurs et au centre d'un dessin montrant l'intérieur d'une somptueuse habitation chinoise au moment où des servantes offrent le thé et des fruits à leurs maîtres.

Por. de Ch. Pl. XXVIII, n° 137.

297 — Deux Assiettes à bordure style européen dessinée en noir avec quelques parties émaillées bleu céleste; et présentant au centre, sur l'une, le portrait du roi Louis XV, sur l'autre, celui de Marie Leczinska, reproduits en noir, d'après une gravure française.

Por. de Ch. Pl. XXX, n° 148.

298 — Petit Plat à bords lobés, décoré en noir, d'une bordure et de la reproduction d'une ancienne gravure représentant Jean de Leyde, ayant près de lui un palefrenier tenant son cheval par la bride et un page portant un livre ouvert sur lequel est posée la couronne de l'usurpateur; au-dessous l'inscription : Iohannes Bucholdi a Leyda.

Diam., 0.28.

299 — Assiette décorée sur le marli d'un damassé blanc à trois cartouches de style européen, deux aux attributs de l'Amour et de la Fidélité, le troisième occupé par des armoiries à couronne de

Comte supportée par des branches de rosier en fleurs au naturel ; l'écu d'azur porte le chiffre D.B en or. La chute du marli est ornée d'une bordure de rinceaux or, et l'intérieur d'un buisson fleuri sur lequel sont posés deux chardonnerets.

Ces assiettes ont été fabriquées en Chine, « par ordre », pour la comtesse du Barry.

Por. de Ch. Pl. XXX, n° 149.

300 — Assiette creuse, décorée sur le marli de bordures à rinceaux or, émaillés bleu ou rose et d'un damassé blanc, au centre de plantes en fleurs sur lesquelles sont posés deux chardonnerets.

301 — Plat décoré d'un dentelé or le long des bords, et dont toute la surface est couverte d'un damassé blanc à fleurs et rinceaux.

Diam., 0.32.

302 — Deux Assiettes en porcelaine coquille d'œuf à revers rouge d'or : elles sont décorées sur le marli de bordures à réserves de fleurs et médaillons, à l'intérieur d'un fouillis de plantes fleuries dont quelques tiges débordent sur un grand cartouche à sujet familier, représentant une dame assise ayant un enfant près d'elle.

303 — Assiette octogonale en porcelaine coquille d'œuf, décorée sur le marli d'une mosaïque grisaille à quatre réserves de fleurs et au centre d'un rocher fleuri sur lequel sont deux coqs au naturel.

Por. de Ch. Pl. XXX, n° 146.

304 — Assiette creuse en porcelaine coquille d'œuf à revers rouge d'or; elle est ornée de bordures mosaïques à réserves de fleurs, et au centre d'un vase contenant des fleurs, et d'un plateau chargé de fruits.

305 — Assiette creuse en porcelaine coquille d'œuf, décorée sur le marli d'un fond mosaïque rose à trois réserves de fleurs et trois médaillons formés du caractère *Fô*, bonheur, émaillé bleu.

Le fond est occupé par un parterre de fleurs au-dessus duquel voltigent des papillons.

306 — Petit Plat en fine porcelaine, à sujet représentant une dame qu'un jeune homme prend par la taille; près d'eux des sièges et une table avec ce qu'il faut pour écrire.

307 — Deux petits Plats en porcelaine coquille d'œuf, décorés d'une peinture représentant deux dames dans un jardin; à droite un grand arbre

dont les branches se prolongent sur le rebord extérieur.

308 — Deux Assiettes décorées sur le marli d'un fond mosaïque rose à quatre réserves de fleurs ; sur la chute du marli d'une bordure jaune quadrillée à médaillons de rinceaux bleus. Au centre, deux dames et deux enfants sur une terrasse située au bord d'un étang, dans lequel l'un des enfants vient de prendre un poisson rouge que sa mère décroche de l'hameçon.

309 — Petit Plat à bords réticulés et décor famille rose composé de bordures, de rochers et de plantes fleuries sur lesquelles sont posés deux oiseaux.

Diam., 0.25.

310 — Assiette décorée sur le marli d'un fond mosaïque rose pâle à trois réserves de fleurs, et, au centre, de la déesse des Amours portée par un animal fabuleux et accompagnée de deux suivantes.

311 — Assiette, famille rose, à quatre tiges de fleurs et fruits sur le marli et décorée au centre d'un sujet familier dit « à la nourrice ».

312 — Assiette à décor famille rose dit « aux bottes ».
Hist. de la Porc. Jacquemart et Le Blant. Pl. VI.

313 — ASSIETTE décorée sur le marli d'un fond mosaïque bleu pâle, et au centre d'un rocher fleuri et deux coqs peints au naturel.

314 — PETIT PLAT, fond noir émaillé, à rinceaux verts et fleurs polychromes; au centre, dans une grande réserve en forme de feuille, des pivoines en fleurs entourent un rocher sur lequel est posé un coq peint au naturel.

Diam., 0.25.

315 — PETIT PLAT à décor famille rose dit « au repas de poissons ».

Diam., 0.26.

316 — PETIT PLAT, même décor en bleu, sous couverte.

Diam., 0.25.

317 — PETIT PLAT à décor dit « au berceau » en bleu sous couverte.

Diam., 0.25.

318 — ASSIETTE à décor famille rose dit « à l'iris ».

319 — PETIT PLAT, même décor en bleu, sous couverte, rehaussé d'or.

Diam., 0.25.

320 — Deux Compotiers, bol, tasse et soucoupe, à bords lobés, décorés d'un fond imitant une succession de pétales de rose juxtaposés, sur lequel se détachent des cartouches ornés de fleurs en or.

321 — Deux Assiettes à décor famille rose dit « au mariage ». Sur le marli les Huit immortels (les *Pa-chen*) debout sur leurs attributs et voguant sur les flots; à l'intérieur un étang couvert de nélumbos en fleurs et un couple de canards mandarins, « emblème de l'amour conjugal ».

Por. de Ch. Fig. 49.

322 — Deux Assiettes à bordure semblable et décor analogue au centre.

323 — Assiette, à armoiries à deux écus et décorée sur le marli d'ornements de style européen.

324 — Assiette décorée sur le marli de fleurs et d'attributs, sur la chute du marli d'une bordure fond or à réserves d'ornements et au centre d'armoiries à deux écus.

325 — Assiette ornée de deux étroites bordures or et d'un paysage animé d'un sujet de bergerie dont les personnages sont vêtus de costumes chinois; au centre armoiries portant des lettres entrelacées.

326 — Assiette à bordure et fond de rinceaux or, au centre, dans un cartouche réservé, un sujet de bergerie peint en noir et rouge.

327 — Assiette décorée sur le marli d'ornements et au centre d'armoirie à un écu d'azur à deux bars et trois étoiles d'or.

328 — Petit Plat, fond bleu, ayant en réserve des dragons à cinq griffes entourés de flammes.

Marqué du Nien-Hao. — *Tao-Kouang.*

Diam., 0.25.

329 — Huit Plats de grandeurs diverses et décors variés.

330 — Vingt-deux Assiettes différentes, types de beaux services de table.

PIÈCES EN BLANC DE CHINE

331 — Deux Statuettes de la déesse *Nan-Hai-Kouan-In*, reine des eaux et protectrice des pêcheurs, elles sont debout sur terrasse ondulée simulant les flots.

Por. de Ch. Pl. XIV, n° 59.

Haut., 0.42.

332 — Statuette de la déesse *Kouan-In* assise sur un lotus, elle est accompagnée d'enfants.

Haut., 0.25.

333 — Théière décorée en relief d'une branche de pêcher en fleurs. Elle porte une garniture ancienne en cuivre doré.

Por. de Ch. Pl. XIV, n° 63.

Haut., 0.11.

334 — Deux petites Buires couvertes, décorées de même.

Por. de Ch. Pl. XIV, n° 62.

Haut., 0.13.

335 — Deux Coupes ovales, ayant la forme des coupes en corne de rhinocéros, elles sont ornées en relief de branches de pêcher en fleurs.

Porc. de Ch. Pl. XIV, n° 64.

Haut., 0.07

336 — Deux Coupes semblables aux précédentes et de même décor.

Haut., 0.06.

337 — Deux Coupes ovales à huit pans et à pieds, décorées en relief.

Haut., 0.06.

338 — Deux Gobelets légèrement évasés, décorés en relief d'une branche de pêcher en fleurs.

Por. de Ch. Pl. XIV, n° 65.

Haut., 0.07.

339 — Deux petits Groupes, preneurs de thé et joueurs d'échecs, abrités par un rocher.

Por. de Ch. Pl. XVII. n° 61 et 61 *bis*.

Haut., 0.10.

340 — Chimère assise sur socle, l'une des pattes appuyée sur une bouie.

Haut., 0.2[illegible].

341 — Grande Chimère semblable à la précédente; celle-ci a été, au siècle dernier, décorée en Hollande avec des couleurs de petit feu de moufle.

Haut, 0.27.

342 — Vase blanc à col évasé et de forme octogonale, présentant sur la panse une large zone dentelée restée en biscuit et ornée en relief d'un paysage animé

Por. de Ch. Pl. XIV, n° 98.

Haut, 0.26.

343 — Vase ovoïde décoré avant la mise en couverte d'un groupe de béliers remarquablement dessinés, gravés et ciselés. (Pièce rare.)

S. B. S. — Haut., 0.14.

344 — Brule-Parfums carré, à anses et supporté par quatre pieds à tête de chimère.

Marqué en cachet imprimé, du Nien-Hao. — *Tch'ing-Hoa*, en caractères tchouan (1465-1488.)

S. B. S. — Haut., 0.18.

345 — Vase cylindrique, à anses en forme de tête d'éléphant.

S. B. S. — Haut., 0.22.

346 — Bouteille en porcelaine épaisse, décorée d'un dragon en relief enroulé sur le goulot.

Por. de Ch. Pl. XIV, n° 96.

Haut., 0.42.

347 — Bouteille analogue à panse surbaissée et piédouche, portant aussi un dragon en relief sur le goulot.

Por. de Ch. Pl. XIV, n° 97.

Haut., 0.24.

348 — Petite Bouteille bulbeuse, aussi, décorée sur le col d'un dragon en relief, celui-ci de forme décorative.

Haut., 0.15.

BUIRES ET THÉIÈRES

349 — GRANDE THÉIÈRE ayant la forme d'un caractère d'écriture chinoise, composé de *Fô* et *Cheou* (bonheur et longévité) en entrelacs, au centre duquel se trouve un cartouche; un long déversoir en S et une anse largement contournée complètent cette singulière pièce. Elle est décorée sur biscuit de rinceaux vert foncé à grandes pivoines violettes sur fond jaune; un paysage animé occupe l'intérieur du cartouche et toutes les surfaces répondant à l'épaisseur de la pièce sont vert clair uni.

L'extrémité du bec est en argent, l'anse entière en ivoire gravé est fixée par une armature en argent. Enfin le bouchon servant de couvercle est en corne de cerf laquée et dorée. Cette monture, d'un travail très remarquable, a été exécutée au Japon.

Por. de Ch. Fig. 90.

Haut., 0 22.

350 — THÉIÈRE SPHÉRIQUE, à côtes imitant une vannerie faite de petits bambous, alternativement vert, jaune ou lilas clair, ornés de petites fleurettes

réservées et peintes avec les deux autres de ces mêmes couleurs. La pièce est émaillée sur biscuit.

Por. de Ch. Fig. 63.

351 — Théière en forme de carpe sortant des eaux, elle est colorée de vert, de jaune et de brun émaillé sur biscuit.

Por. de Ch. Fig. 68.

352 — Théière droite, à anse de panier, décorée de rochers fleuris en émaux de la famille verte. L'anse est jaune strié de noir imitant la vannerie.

Haut., 0.17.

353 — Deux Buires sans anses, dont les déversoirs en S se terminent en tête de Fong-hoang. Elles sont richement décorées de mosaïques et de fleurs en émaux de la famille verte.

Gra. por. de Ch. Fig. 12.

Haut., 0.25.

354 — Réservoir a eau, dont l'orifice placé sous le pied correspond à un tube droit qui s'élève à l'intérieur jusque vers le haut du vase.

Il simule une théière bleu turquoise en forme de pêche. Deux brindilles violet aubergine font office l'une d'anse, et l'autre de goulot.

Haut., 0.16.

355 — Réservoir a eau semblable au précédent, à couverte céladon légèrement colorée en rouge de cuivre à la partie supérieure du fruit; les feuilles des brindilles sont bleu cobalt.

Haut., 0.17.

356 — Réservoir a eau de même forme que les précédents. Celui-ci est décoré sur couverte d'un fond rouge de fer à rinceaux réservés en blanc, et deux grandes réserves en forme de feuilles, occupées par des rochers fleuris peints avec les émaux de la famille verte.

Por. de Ch. Fig. 103.

Haut., 0.15.

357 — Burette, à décor de plantes et buissons fleuris peints en émaux de la famille verte.

Haut., 0.17.

358 — Seau fermé (sorte de bidon) à oreilles et anse supérieure, décoré en bleu sous couverte de rinceaux et fleurs ornementales.

Haut., 0.22.

359 — Pièce semblable à la précédente, décorée en émaux de la famille verte. Les appendices ayant été brisés, le dommage a été en partie réparé en Chine par une garniture en bronze.

Haut., 0.22.

360 — Deux Théières affectant la forme d'une poule accroupie sur ses poussins; l'un d'eux grimpé sur le dos de la mère forme le bouton du couvercle: elles sont peintes sur biscuit en jaune, vert et brun violacé.

Por. de Ch. Fig. 69.

361 — Deux Buires couvertes à six pans, décorées de bordures, de vases fleuris et de personnages en émaux de la famille verte.

Haut., 0.22.

362 — Buire en forme de casque avec son bassin, ils sont richement décorés en émaux de la famille verte, de bordures, de fleurs et d'oiseaux.

Por. de Ch. Pl. XXIII, n° 100.

Haut. de la buire, 0.24.

363 — Buire de forme persane, à riche décor de la famille verte, dans lequel se trouve plusieurs fois répété le caractère *Cheou* (longévité).

Por. de Ch. Pl. XXIV, n° 90.

M. A. M. — Haut., 0.37

364 — BUIRE portant au col un renflement sphérique; elle est décorée bleu sous couverte de lotus et fleurs ornementales.

M. A. A. — Haut., 0.24.

365 — THÉIÈRE PIRIFORME décorée d'un fond rouge d'or, semé de fleurettes et à réserves en forme de rouleau orné d'un paysage.

366 — DEUX PETITES THÉIÈRES, dont la couverte noire (Ou-King) rehaussée d'or, est semée de pétales de roses et de fleurettes réservées, et émaillées en rose.

Haut., 0.08.

367 — THÉIÈRE SPHÉRIQUE décorée à la partie supérieure de lambrequins bleus à fleurs en or; au-dessous, quatre femmes dessinées au trait noir.

368 — THÉIÈRE SPHÉRIQUE et son plateau lobé, décorés fond rose émaillé à fleurettes polychromes et deux grandes réserves contenant des fleurs.

369 — THÉIÈRE SPHÉRIQUE décorée d'une bordure à lambrequins fond émaillé rose à rinceaux et fleurs polychromes; sur le corps, de tiges fleuries. Elle est sur son plateau à six lobes.

370 — Théière sphérique fond noir émaillé à rinceaux verts, reines-marguerites blanches et grandes pivoines épanouies.

M. B. M.

371 — Théière de même forme décorée en émaux de la famille rose de rochers entourés de pivoines, près desquels picotent deux cailles. L'anse simule une branche à feuilles et fruit qui s'étale en haut-relief sous la théière.

372 — Théière entourée de feuilles et fleurs d'eau en relief et émaillées au naturel.

373 — Buire de forme persane décorée de bordures à faux godrons et de pots fleuris entourés de rinceaux feuillus.

Ce décor est bizarrement coloré, de bleu sous couverte, de jaune et de rouge de fer.

Por. de Ch. Pl. XXIV, n° 108.

M. A. — Haut., 0.38.

374 — Théière sphérique à décor dit à « mandarins » finement exécuté en partie au pointillé.

375 — Théière sphérique à anse de panier, décorée avec les émaux de la famille verte, de dragons entourés de flammes et d'attributs divers.

376 — Six Théières à décors variés.

TASSES

377 — Tasse et Soucoupe décorées sur biscuit d'un fond vert ombré simulant les ondulations de la mer, avec les vagues émaillées en blanc ; sur ce fond apparaissent des attributs réservés et colorés en lilas brun.

378 — Tasse et Soucoupe cannelées et à bords lobés, décorées en émaux de la famille verte de plantes fleuries parmi lesquelles trois coqs dessinés au trait rouge.

Marquées du caractère Yu (jade).

379 — Tasse et Soucoupe à couverte nankin et décor de plantes aquatiques peint avec les émaux de la famille verte.

La tasse marquée « au lapin » ; la soucoupe, d'un petit cachet illisible.

380 — Tasse et Soucoupe ornées de bordures et de rochers fleuris en bleu cobalt, sous couverte nankin; l'intérieur est blanc.

La tasse marquée « au lapin » ; la soucoupe, d'un petit cachet illisible.

381 — Deux Tasses et Soucoupes, ornées à l'intérieur d'un léger décor bleu sous couverte, et de fleurettes émaillées.

L'extérieur est décoré sur biscuit d'un fond noir à fleurs de pêcher et deux cartouches vernissés de blanc, occupés par des chrysanthèmes jaunes et violets.

Marquées « à la fleur de nélumbo ».

Por. de Ch. Fig. 106.

382 — Tasse a anse avec sa soucoupe, décorées fond bleu fouetté, à quatre réserves de plantes en camaïeu de même couleur.

383 — Tasse et Soucoupe décorées sur cru fond bleu, à rinceaux, feuilles et fleurs ornementales réservées.

Marquées d'une libellule.

384 — Tasse et Soucoupe à couverte feuille morte, avec petites réserves de fleurettes, bleu sous couverte blanche ordinaire.

Ce décor a été agrémenté en Hollande d'une guirlande de laurier et de branches fleuries gravées à la roue.

Marquées du Ling-Tchy.

385 — Tasse et Soucoupe cannelées, décorées de fleurettes peintes en émaux de la famille verte, sur couverte feuille morte.

Marquées « à la coquille marine ».

386 — Tasse et Soucoupe, même couverte et décor analogue.

Marquées « à la feuille ».

387 — Tasse et Soucoupe fond rouge d'or, ayant en réserve trois papillons finement peints en émaux famille rose.

Por. de Ch. Pl. XXIX, n° 142.

388 — Tasse et Soucoupe en porcelaine coquille d'œuf, décorées d'une bordure de rinceaux or, et d'une peinture artistique en émaux de la famille rose : jeune couple assis dans un jardin.

389 — Tasse et Soucoupe à bords lobés, en fine et belle porcelaine gravée de stries en spirales simulant les pétales d'une fleur.

Elles sont décorées d'une bordure mosaïque et de fleurs entourant un rocher sur lequel sont posés deux coqs.

390 — Tasse et Soucoupe ornées d'un paysage animé d'un sujet de roman, finement peint à l'encre de Chine et rehaussé de quelques touches émaillées

(*Hist. de la Porc.* Jacquemart et Le Blant.) Pl. VII.

391 — Tasse et Soucoupe fond rouge de fer, ornées de bordures et de faisceaux d'attributs en or.

392 — Tasse et Soucoupe à bords lobés, ornées d'un damassé blanc sous couverte, et d'un léger décor en or.

393 — Tasse et Soucoupe, en fine porcelaine coquille d'œuf, à riche décor de la famille rose; fleurs et insectes dans des médaillons réservés, sur fond couvert de tiges fleuries.

394 — Tasse et Soucoupe analogues aux précédentes.

395 — Trois Tasses et Soucoupes, à double paroi, celle extérieure réticulée et colorée d'émaux, et celle intérieure décorée en bleu sous couverte. Le

dedans des soucoupes est orné de fleurs peintes en émaux de la famille rose.

396 — Tasse et Soucoupe à bords lobés, décorées d'un semis de tiges fleuries entourant une cage contenant deux perroquets ; trois singes gambadent autour de la cage et en ouvrent la porte.

397 — Tasse et Soucoupe décorées d'une bordure et d'un lac entouré de montagnes finement dessinés au trait noir avec rehauts d'or.

398 — Tasse et Soucoupe ornées d'un paysage en émaux de la famille rose.

399 — Tasse et Soucoupe ornées d'un fond à bouclettes brunes et fleurettes émaillées en blanc, sur ce fond s'enlève une feuille de vigne en blanc décorée d'une plante de pivoine rouge.

400 — Tasse et Soucoupe décorées en émaux de la famille rose, d'un pècher chargé de fleurs et de fruits. Un personnage emporte l'une des branches qu'il vient de couper.

401 — Tasse et Soucoupe décorées en or, argent et noir : fleurs et oiseau.

402 — TASSE ET SOUCOUPE en porcelaine fine à décor de la famille rose; bordures mosaïques, et sujet représentant une jeune dame assise, jouant de la mandore.

Por. de Ch. Pl. XXVIII, n° 137.

403 — TASSE ET SOUCOUPE fond noir émaillé, à fleurettes polychromes et palmes réservées contenant des tiges fleuries.

404 — TASSE ET SOUCOUPE à décor analogue.

405 — TASSE ET SOUCOUPE même fond noir émaillé, à rinceaux verts et fleurs polychromes avec réserves contenant des tiges fleuries.

406 — TASSE ET SOUCOUPE semblables, dont les réserves en forme de feuilles sont occupées par des animaux.

407 — TASSE ET SOUCOUPE, à trois éventails ouverts décorés de fleurs sur fond or.

408 — TASSE ET SOUCOUPE, fond émaillé rouge à réserves de fleurs, et médaillon à petits personnages.

409 — TASSE ET SOUCOUPE, fond or à fleurettes et médaillon central orné de fleurs.

410 — Tasse et Soucoupe, fond or à rinceaux et fleurettes, avec réserves ornées de fleurs; au centre, une dame portant une corbeille de fleurs à la main.

411 — Tasse et Soucoupe en porcelaine de la Compagnie des Indes, simulant une fleur sur tige en relief.

412 — Tasse et Soucoupe, à décor à mandarins.

413 — Tasse et Soucoupe cannelées à bords lobés en porcelaine de la compagnie des Indes, décorées de zones fond or à dessins noirs, ou rouges à dessins or, et au centre d'un médaillon à pagode

Elles sont supportées par des pieds formés des parties saillantes d'une tige de liserons en fleur, en haut-relief.

414 — Deux tasses et Soucoupes en porcelaine de la Compagnie des Indes, à décor bleu sous couverte, et semis de fleurs (genre Saxe) peintes avec les émaux de la famille rose.

415 — Tasse et Soucoupe décorées, en émaux de la famille rose, d'animaux et d'un pêcher chargé de fruits.

416 — Tasse et Soucoupe cannelées et à bords den-

telés, ornées d'une large bordure dite « arlequin »; au centre une dame étendue sur un lit de repos.

417 — Tasse et Soucoupe en fine porcelaine, décorées d'une bordure à rinceaux or et d'un sujet esquissé au trait noir ou rouge, représentant un personnage singulier, sorte de croquemitaine, entouré d'enfants qui loin d'en être épouvantés lui font cortège.

418 — Tasse a anse avec sa soucoupe; elles sont décorées de fleurs, de fruits et de papillons finement peints avec les émaux de la famille rose.

419 — Tasse a anse avec sa soucoupe, décorées d'une bordure mosaïque rose et d'un sujet à personnages européens.

420 — Tasse et Soucoupe ornées d'un sujet familier.

421 — Tasse et Soucoupe, fond jaune impérial sur lequel ressortent en vert tendre des dragons à cinq griffes entourés de flammes. Au centre de la tasse le caractère cheou (longévité).

Marquées du Nien-Hao. — *Tao-Kouang*.

422 — Un lot de Tasses de différents types.

PORCELAINES DU JAPON

423 — POTICHE COUVERTE en ancienne première qualité coloriée du Japon, à six pans, décorée de plantes à hautes tiges, d'oiseaux et d'une dame portant une branche de poirier du Japon à fleurs doubles.

L'épaulement du vase décoré de feuillages vert et bleu porte sur trois angles un oiseau à plumage rouge et jaune.

Por. de Ch. Pl. I, fig. d.

Haut., 0.31.

424 — DEUX STATUETTES de femmes, en même porcelaine, dont les vêtements sont richement décorés en rouge de fer et émaux verts et bleu pâle.

Por. de Ch. Pl. I, fig. c.

Haut., 0.37.

425 — DEUX AUTRES FIGURINES analogues aux précédentes, celles-ci portant un vase à la main.

Por. de Ch. Pl. I, fig. A.

Haut., 0.37.

426 — Grand Bol à dix pans et bords rabattus, même porcelaine, décoré à l'extérieur de deux lions et deux enfants; à l'intérieur de deux dames japonaises tenant une fleur à la main, et de deux buissons fleuris.

Por. de Ch. Pl. I, fig. 6.

Diam., 0.23.

427 — Socle rond à trois pieds contournés, formés chacun d'une tête de chimère: il est de même porcelaine et décoré en rouge de fer et bleu émaillé.

Por. de Ch. Pl. I, fig. 6.

Haut., 0.14.

428 — Théière sphérique à côtes; décorée de plantes fleuries peintes en rouge de fer et en émaux verts et bleu pâle.

429 — Petit Plat à bords gaufrés, décore au centre de fleurs ornementales en rouge de fer, et près des bords de rochers fleuris peints en émaux.

Diam., 0.26.

430 — Petit Plat à bords gaufrés, décoré de filets bleus sous couverte, de fleurs et d'un sujet en rouge de fer.

Le sujet représente deux personnages dans une

voiture à deux chevaux conduits à la Daumont. ce véhicule est suivi d'un coureur portant un parasol.

Diam., 0,26.

431 — Assiette à bords gaufrés et dentelés, décorée en rouge de fer : bordure et deux dames au centre.

432 — Assiette analogue à la précédente.

433 — Petit Vase en vieux boccaro du Japon, orné en relief sur la panse de deux médaillons occupés par un dragon dressé.

La pièce, après avoir été dorée à la feuille, a été laquée.

Haut., 0,18.

434 — Boite en biscuit décorée de tiges à fleurs rouges. Le couvercle ajouré est orné du lion moucheté de Corée.

Haut., 0,06.

435 — Jonque en porcelaine de Hizen, ornée du Ho-Ho, les ailes et la queue largement éployées, peint, ainsi que le reste du décor, avec des émaux de demi-grand feu.

Por. de Ch. Fig. 3.

Long., 0 38.

436 — Deux Buires de même porcelaine, en forme de gourde à col long et étroit. Elles sont décorées de deux plantes de chrysanthèmes à fleurs en relief, rouges ou or. Au-dessous, deux femmes en costume japonais.

Haut., 0.28.

437 — Un Plat de Hizen, décoré avec du bleu sous couverte et du rouge de fer, sur le marli de fleurs et de poissons rouges, et au fond d'un grand bouquet de fleurs ornementales.

Diam., 0.35.

438 — Deux petits Plats, cannelés et à bords lobés, en même porcelaine; ils sont décorés d'une large bordure à compartiments fond bleu ou blanc, ornés de fleurs ou de mosaïques. Sur cette bordure sont jetés sans ordre sept kikous.

Le centre est occupé par une guirlande de moumi.

Marqués *Ta-Ming-Tch'ing-Hoa-Nien-Tchi.* (1465-1488.)

Por. de Ch. Fig. 5, et Céramique japonaise, Pl. V, fig. H.

Diam., 0.225.

439 — Petit Plat de même forme, aussi à sept kikous jetés sur une bordure à compartiments ornés de fleurs, ou fond bleu à dessins en or. Au centre un médaillon orné de deux tiges fleuries.

Diam., 0.22.

440 — Grande Potiche couverte, de forme hexagonale, en porcelaine de Hizen; elle est décorée bleu sous couverte, rouge de fer et or, sur trois pans d'un grand *ho-ho* planant au-dessus de deux lions poursuivis par des papillons; les autres pans sont occupés par des plantes en fleurs, chrysanthèmes, pivoines, moumis et œillets. Sur l'épaulement, le col et le couvercle, des grues, des papillons et des fleurs.

Le couvercle est surmonté d'un bouton en bois peint.

Haut., 0.85.

441 — Flambeau à large base hémisphérique rappelant les porte-cire en cuivre de l'Orient. Il est décoré en bleu sous couverte.

Por. de Ch. Pl. XIX, n° 92.

Haut., 0.30.

442 — Une paire de Bouteilles décorées bleu sous

couverte, au col de palmes, genre persan, sur la panse d'un paysage animé de personnages.

Por. de Ch. Pl. XIX, n° 95.

Haut., 0.42.

443 — Bouteille à long goulot portant un renflement médian, décorée bleu sous couverte, au col de palmes, et sur la panse des Huit immortels, les Pa-Chen, dans un paysage.

Por. de Ch. Pl. XIX, n° 94.

Haut., 0.45.

444 — Assiette décorée en bleu sous couverte, sur le marli d'un fond bleu caillouté à godrons réservés, contenant une fleur épanouie, et à l'intérieur d'un rocher fleuri.

Marquée *Ta-Ming-Tch'ing-Hoa-Nien-Tchi.* (1465-1488.)

Por. de Ch. Fig. 6.

Diam., 0.22.

445 — Une paire de Burettes à huile, décorées aux trois couleurs de plantes de moumis en fleurs et de bordures.

Haut., 0.22.

446 — Théière piriforme, surmontée d'un tube ouvert, elle est décorée d'un chrysanthème et d'un

poirier du Japon à fleurs rouges ou or, légèrement en relief; au-dessous deux petits personnages.

Haut., 0.15.

447 — Bouteille à grosse panse, sorte de dame-jeanne, décorée à Delft de bordures à dessins d'ornements européens, et de paysages hollandais peints au naturel avec des couleurs de petit feu.

Le goulot étant brisé, la pièce a reçu une garniture en bronze doré.

Por. de Ch. Fig. 114.

Haut., 0.32.

448 — Un lot de quatre petits Plats à décors variés.

449 — Deux Tasses et Soucoupes en porcelaine de Hizen, décorées de bordures et d'un médaillon central à personnages montés sur un poisson ou sur un crabe.

OBJETS VARIÉS

DE L'ORIENT

450 — Tasse et Soucoupe en laque, décorée d'un dessin burgauté; la tasse est doublée en argent.

451 — Coupe a Sacrifices en corne de rhinocéros, sculptée de dragons symboliques; elle est posée sur une tige de nélumbo.

Haut., 0.20.

452 — Plat émaillé sur cuivre, il est fond blanc simulant une porcelaine à décor artistique, famille rose : bordure mosaïque à réserves et grand médaillon de fleurs, finement peints comme les assiettes coquille d'œuf.

Diam., 0.32.

453 — Grand Rocher en jade verdâtre, avec sapin. cerf et biche.

Haut., 0.35.

454 — Pitong cylindrique en jade gris, décoré des Pa-Chen dans un paysage.

Haut., 0.19.

455 — Petit Groupe en jade sur un bloc de cristal de roches.

456 — Brasero (ou nécessaire de fumeur) en laque, garniture et accessoires en argent du Japon.

Ve A. MOREL ET Cie, LIBRAIRES-ÉDITEURS
RUE BONAPARTE, 13, A PARIS

LA
PORCELAINE DE CHINE

ORIGINES, FABRICATIONS, DÉCORS ET MARQUES
LA PORCELAINE DE CHINE EN EUROPE
CLASSEMENT CHRONOLOGIQUE, IMITATIONS, CONTREFAÇONS

PAR

O. DU SARTEL

OUVRAGE CONTENANT

120 FIGURES D'OBJETS DIVERS INSÉRÉES DANS LE TEXTE
LA SÉRIE COMPLÈTE DES MARQUES
18 PLANCHES CHROMOLITHOGRAPHIQUES ET 14 HÉLIOGRAVURES
ET EAUX-FORTES

Un magnifique volume in-4°. Prix : 200 fr.

IL A ÉTÉ TIRÉ UNE ÉDITION NUMÉROTÉE, SAVOIR :

N°s 1 à 10, texte et planches sur japon (*épuisé*). . . . . 700 fr.
N°s 11 à 60, texte sur whatman, planches sur japon. . . . . . 500 fr.
N°s 61 à 110, texte et planches sur hollande. . . . . 350 fr.

Les éditeurs ont apporté des soins exceptionnels à l'exécution de cette édition : le texte est imprimé par Jouaust, les planches ont été dessinées par les meilleurs artistes, et reproduites, par les procédés les plus artistiques, avec une fidélité et une harmonie de tons qui font de quelques-unes de véritables chefs-d'œuvre.

www.ingramcontent.com/pod-product-compliance
Ingram Content Group UK Ltd.
Pitfield, Milton Keynes, MK11 3LW, UK
UKHW021823190726
13853UKWH00003B/1143